Réamhrá *ar*
Oidhreacht
Ailtireachta

Chontæ
Chiarraí

An Roinn Comhshaoil
& Rialtais Áitiúil

Réamhrá

Tá Contæ Chiarraí ar maos in oidhreacht ailtireachta shaibhir a théann siar na céadta bliain. Tugann an oidhreacht seo léargas dúinn ar shaol, ré agus ar chultúr na ndaoine ó thuas ama go dtí anois. Is léargas fíorthábhachtach é seo ar stair eacnamaíochta agus ar stair shóisialta an chontæ.

Glactar leis ar fud na tíre, i mbailte agus faoin tuath, go bhfuil réimse de chineálacha foirgneamh atá tábhachtach ó thaobh na hailtireachta de. Ina measc tá séipéil, tithe cúirte, scoileanna, tithe móra agus foirgnimh thráchtála iomráiteacha, mar shampla bainc ón naoú haois déag. Ag cur leis an líon seo, áfach, tá foirgimh neamhthoirtéiseacha nach dtarraingíonn aird an phobail ach, dá gcaillfí iad ba mhór an dochar a dhéanfaí do chuma shuaithinseach ceantar.

De bharr go bhfuil Contæ Chiarraí suite in aice an chósta tógadh a lán calafort agus foirgneamh eile a bhfuil baint acu leis an fharraige. Isteach ón chósta go croí na tíre faigtear réimse feirmeacha substaintiúla agus tithe móra eile na tuaithe. Anuas ar an éagsúlacht fhoirgneamh atá le fáil fud fad na tíre tá droichid bhreátha agus taibhealaí.

Cuireann oidhreacht an chórais taistil le cuma Chontæ Chiarraí chomh maith. Téann an phríomhlíne iarnróid, Iarnród Mór an Deiscirt agus an Iarthair, tríd an chontæ agus tá a lán stáisiún trænach den scoth ón naoú haois déag ann. Tá a lán struchtúr agus foirgneamh a bhaineann leis an iarnród ann freisin, ar nós Ostáin Iarnród Mór an Deiscirt.

Is í an ailtireacht dhúchasach, idir mhór agus bheag, agus a bhfuil ceangal láidir aici leis an phobal, is mó a léiríonn stair Chiarraí leis na céadta bliain anuas. Tugann tithe móra tuaithe na dtiarnaí talún, tithe móra na gceannaithe rathúla agus na haicme feirmeoireachta, mar aon leis na tithe beaga eastáit agus na tithe ceann tuí, léargas dúinn ar chastacht ghreasán sóisialta an chontæ agus ar an mhéid a d'athraigh sé thar na blianta. Tá clú agus cáil ar Chontæ Chiarraí, go háirithe de bharr an mhéid foirgneamh dúchasach atá ann go fóill.

Is í aidhm an intreora seo, leis an Fhardal Náisiúnta um Shuirbhé Oidhreacht Ailtireachta an Chontæ, ná go n-aithneofaí agus go dtarraingeofaí aird ar rogha ionadaíoch den oidhreacht ailtireachta a mhaireann i gCiarraí. Is mór an chúis bhróin í go bhfuil cuid mhór ailtireachta maithe caillte orainn, nó athraithe ó bhonn. Ach, táthar ag súil má dhírítear aird an phobail ar oidhreacht thógála an chontæ go gcothófar meas ar an oidhreacht sin, chomh maith leis an chontæ a spreagadh lena oidhreacht shuntasach féin a chaomhnú.

Níor cuireadh Trá Lí san áireamh i Suirbhé an Chontæ, mar gur cuireadh san áireamh é sa Suirbhé Baile cuimsitheach a rinne an NIAH sna blianta 1999–2002. É sin ráite, áfach, tá tagairt déanta thíos do lámhdhéantúsáin, a bhfuil tábhacht faoi leith ag baint leo.

Réamhrá *ar* Oidhreacht Ailtireachta Chontæ Chiarraí

Léargas

(f. 1)
ARDEAGLAIS ARD FHEARTA
Ard Fhearta
(c. 1253)

Is luath-shampla é seo den stíl Luath-Ghotach Éireannach, faoi mar a léiríonn na cróite snáthaide arda caola atá inti agus an slatbhalla céimithe atá ar an díon; tá an tSeirbhís Oidhreachta Dúchas ag athchóiriú na heaglaise faoi láthair.

(f. 2)
ARDEAGLAIS ARD FHEARTA
Ard Fhearta

Mionsonra ón chás dorais cloch shnoite déanta sa stíl Rómhánach é seo. Tógadh Ardeaglais Ard Fhearta go hiomlán as cloch áitiúil.

Tá Contæ Chiarraí suite in iardheisceart na hÉireann. Tá réimse sléibhte sa deisceart, tá féaraí fairsinge sa tuaisceart agus tá cósta iontach sa chontæ chomh maith. Léiríonn an tírdhreach saibhir fisiciúil agus an timpeallacht éagsúil an méid staire atá ag an chontæ. Is cuntas oifigiúil í an oidhreacht thógála ar shaibhreas an chontæ. I dtaca le geolaíocht de, cruthaíonn sraith sheanghaineamhchloch dheirg an tírdhreach creagach, agus tá an aolchloch go fras thart ar Neidín. Baineadh an dá chloch as cairéil agus úsáideadh iad go forleathan ar son tógála. Baineadh úsáid as scláta áitiúil, a bhí le fáil go réidh freisin.

Tagann an t-ainm Kerry, ón leagan Gaeilge Ciarraí ó threibh a bhí ina cónaí i gcuid amháin den cheantar gur Contæ Chiarraí é inniu. Tá ainm sinseartha Ciar san ainm Ciarraí, Ciarraige sa tSean-Ghaeilge, agus ciallaíonn deireadh an fhocail — rige ríocht. Bhain an t-ainm ar dtús le grúpa daoine, ina dhiaidh sin thagair sé do thalamh an dreama úd agus de réir a chéile tugadh Ciarraí ar Chontæ Chiarraí an læ inniu.

Léiríonn nósanna lonnaíochta áirithe ón aimsir réamhstairiúil go dtí an lá atá inniu ann an topagrafacht áirithe atá sa chontæ, idir thopagrafacht fhisiciúil agus dhinnseanchas cultúrtha. Maraon le contæthe eile ar fud na tíre, atá suite ar an chósta, tá cuid mhór fianaise ann go fóill ó luath-lonnaíochtaí; is sampla fíormhaith í an lonnaíocht Mhéasailiotach i gCuas an Fheirtéaraigh i gCorca Dhuibhne. Tá líon cloch oghaim thar a bheith suaithinseach i gContæ Chiarraí. Tá a lán ráthanna sa chontæ chomh maith, agus líon mór caiseal, tá Cathair na Stéige in aice leis an tSnaidhm ar cheann acu.

Bhí suíomh farraige oiriúnach do lonnaíocht Luath-Chríostaí, agus tá fáil ar réimse suíomh i gCiarraí a bhfuil tábhacht náisiúnta agus idirnáisiúnta ag baint leo; is suíomh Oidhreachta Domhanda de chuid UNESCO é mainistir Sceilg Mhíchíl ón seachtú haois. Ba iad na Blaoscaoidí, a raibh pobal daoine ag maireachtáil orthu i gcuimhne ár linne féin, an lonnaíocht ab fhaide siar san Eoraip. Cé gur dócha gur as adhmad a rinneadh na luath-shéipéil in Éirinn, is féidir na céad séipéil chloiche a lua le grúpa beag atá i gCiarraí den chuid is mó. Is é Séipéilín Ghallaruis (c. 800), Corca Dhuibhne, lena dhéantús coirbéil, an ceann is aitheanta díobh seo. Is sampla maith é Eaglais Ard Fhearta (c. 1253), Ard Fhearta, a thagann níos mó ná ceithre chéad níos moille, den stíl Luath-Ghotach Éireannach, faoi mar a léiríonn na cróite snáthaide galánta atá inti; is ó ailtireacht an dara haois déag a thagann na doirse Rómhánúla clúite (f. 1–2).

CONTÆ CHIARRAÍ
(c. 1756)

Léarscáil ón ochtú haois déag sínithe ag Charles Smith a thaispeánann gnéithe topagrafacha i gContæ Chiarraí chomh maith le bailte, sráidbhailte, caisleáin agus tithe na n-uasal.

Tógadh cuid mhór túrthithe, go háirithe i gCiarraí Thuaidh, de bharr suaitheadh polaitíochta na meánaoiseanna toisc teaghlaigh éagsúla, idir dhúchasaigh agus eachtrannaigh, a bheith ag iarrraidh ceannasaíocht a fháil ar a chéile, fiú mura raibh sé ach ar leibhéal áitiúil. Tá túrthithe meánaoiseacha déanacha coitianta agus maireann cuid acu go fóill, ina measc tá Caisleán an Rois, ón seachtú haois déag. Ba mhinic gur fhás sráidbhaile thart ar chaisleán faoi mar a tharla i Lios Tuathail. Tá bunús meánaoiseach ag Trá Lí agus ag an Daingean cé nár tháinig fás uirbeach suntasach orthu go dtí an t-ochtú haois déag.

Is í áilleacht dhoshéanta an tírdhreacha is cúis le Ciarraí na haoise seo a bheith mar cheann de na ceantair thurasóireachta is cáiliúla sa tír. Is fada iad locha Chill Airne ag mealladh cuairteoirí agus ba lárionad seilge agus spóirt iad d'estáit ar nós Diméin Mhucrois (c. 1845) roimhe seo. Tháinig Cill Airne i dtír ar a thábhacht stráitéiseach mar bhaile margaidh agus is croílár anois é de thionscal turasóireachta atá an-fhorbartha. Snaidhmeann 'Mórchuaird Chiarraí' coróin bailte beaga: An tSnaidhm, Páirc na Saileach, agus An Coireán, is bailte iad seo a bhfuil an-tóir ag turasóirí orthu agus a bhfuil oidhreacht ailtireachta bhreá acu. Tugann bailte éagsúla farrraige, An Daingean, Neidín, agus An Fhianait, foscadh ar chósta a bhíonn go minic dainséarach. De bharr cúrsaí trádála agus de bharr na talún achrannaí, ba mhinic mar gheataí iad na bailte seo sa stair a scaoil isteach tionchair chultúrtha ó thar lear. Leanann na ceangail seo ar aghaidh sna cuairteoirí agus sna lonnaitheoirí ó thar lear atá sa cheantar go fóill.

An tOchtú hAois Déag

(f. 3)
DROICHEAD NA SEANCHORA
Gleann Átha/
Gort An Chosáin
(c. 1730)

Seo íomhá ó bhailiúchán Lawrence, ón dáta c. 1890, a thaispeánann struchtúr atá ina fhothrach ach a bhfuil dearadh álainn an dá áirse le feiceáil air go fóill.

Le caoinchead Leabharlann Náisiúnta na hÉireann.

(f. 4)
DROICHEAD NA SEANCHORA
Gleann Átha/
Gort An Chosáin
(c. 1730)

Taispeánann an radharc comhaoiseach seo a tógadh ón taobh eile den droichead nach dtáinig mórán athruithe air le céad bliain anuas.

Bhí an chuma ar an ochtú haois déag gur aois sheasmhach agus rachmasach a bhí inti, ar an chéad fhéachaint ar a laghad i gcomparáid le ciréibeacha na gcéad roimhe seo, ré inar milleadh suíomhanna mainistreacha agus inar laghdaíodh údarás polaitiúil mórán teaghlach Gælach. D'éirigh an Pharlaimint i mBaile Átha Cliath níos cumhachtaí, tháinig méadú ar chúrsaí trádála agus d'fheabhsaigh próiséis luath-thionsclaíoch, rudaí a spreag tógáil bhailte nua agus tithe móra tuaithe. Más ea, níor bhain an rachmas ach leis an bheagán agus bhí an formhór beo bocht. Ní mhaireann puinn le taifead ailtireachta a dhéanamh ar an chuid is mó den tsochaí dá bharr.

Bhí tábhacht faoi leith ag baint le tógáil bóithre i gcontæ a raibh an talamh deacair agus doicheallach ann. Chabhraigh an fhorbairt a rinneadh ar na bóithre agus tógáil droichead leis an chontae a oscailt do thurasóirí agus muintir na háite araon. Baintear úsáid fós as mórán droichead álainn ón tréimhse seo, mar Dhroichead Leic Snámha (c. 1725), Leic Snámha/Cúil an Ruáin/Clochar/An Coinigéar a thrasnaíonn An Bhruic, Droichead na Seanchora (c. 1730), Gleann Átha/Gort an Chosáin, Cill Airne (f. 3–4), agus Seandroichead Ard Tuilche (1786), Diméin Ard Tuilche, Ard Tuilche, a thrasnaíonn an Ruachtach i gCill Gharbháin (f. 5). Tógadh bóthar dola Chiarraí-Chorcaigh i 1748 faoin chóras paidhce a raibh bóithre díreacha mar ghné de. Cheangail an córas paidhce seo áiteanna áirithe, ar nós Oileán Chiarraí agus Lios Tuathail, le craobh i gCill Airne. Thóg tiarnaí talún bóithre chomh maith a d'aisíoc an tArd-Ghiúiré áitiúil leo mar go raibh sé ábalta cáin a bhailiú ar son tionsnamh dá leithéid. Cé go bhféadfaí mí-úsáid a bhaint as na scéimeanna seo, bhí siad éifeachtach go leor chun greasán bóithre a bhunú. Murab ionann is áiteanna eile in Éirinn bhí an fhorbairt thionsclaíochta mall go leor, é sin ráite, áfach, tá iarsmaí d'ailtireacht thionsclaíochta ann go fóill. B'fhothrach é Muileann Chathair Uí Mhoráin (c. 1790), Corra Ghráig, faoin naoú haois déag ach atógadh é sa bhliain 1985 (f. 6).

An tOchtú hAois Déag

(f. 5)
SEANDROICHEAD ARD TUILCHE
Diméin Ard Tuilche,
Ard Tuilche
(1786)

Droichead bóthair galánta aon áirse ó dheireadh an ochtú haois déag é seo. Is gaisce innealtóireachta teicniúil é an struchtúr seo ón uair go bhfuil an tsaoirseacht chloiche atá idir ceann na háirse agus barr an uchtbhalla an-éadomhain.

(f. 6)
MUILEANN GAOITHE CHATHAIR UÍ MHORÁIN
Corra Ghráig
(c. 1790)

Cé go bhfuil sé suite go háisiúil ar chósta gaofar Chiarraí b'fhothrach a bhí ann faoi lár an naoú haois déag. Ach rinneadh athchóiriú ó bhonn air sna 1980í. Is é an t-aon mhuileann gaoithe inoibrithe dá chineál sa cheantar.

(f. 7)
TEACH AN MHARGAIDH NEIDÍN
An Chearnóg/
Sráid An Mhargaidh,
Neidín
(c. 1790)

Faoi mar a bhíonn i dteach margaidh tipiciúil tá stuabhealach (a bhí oscailte tráth) ar an urlár talún sa sampla seo den Nua-Chlasaiceachas sa Neidín. Tá na seomraí tionóil nó na hoifigí riaracháin thuas staighre.

'M. E, BURKE AND CO.'
Sráid An Doirín,
An Daingean

Sampla de luath-ghleothálacha práis dorais a ndéantar neamhaird dóibh go minic nó a gcuirtear cinn nua-aimseartha neamhoiriúnacha ina n-áit é seo.

Bhí baint ar leith ag an chóras feabhsaithe bóithre leis an dul chun cinn uirbeach i gCiarraí a spreagadh, agus d'fhorbair cúpla baile le linn an chéid, dá bharr. Ba bhailte eastáit go príomha iad seo, cosúil le Cill Airne agus Neidín, a cruthaíodh faoi stiúir an tiarna talún áitiúil. Bunaíodh Cill Airne ar dtús mar bhaile margaidh i 1604 agus cé nár éirigh rómhaith leis ar dtús bhí gnónna éagsúla agus daonra cuíosach mór ann faoi na 1730í. Faoi na 1750í, thosaigh Thomas, An Ceathrú Bíocúnta Kenmare (1726–95) ag forbairt Chill Airne mar ionad turasóireachta trí chuidiú le tábhairní a bhunú, trí thithe a atógáil agus áiseanna a sholáthar. Leann a mhac Valintín Brún, An Chéad Iarla Kenmare (1754–1812), ar aghaidh leis an fhorbairt seo agus maireann sraith tithe neamhscoite ón ré sin go fóill. Is teach breá dhá stór, cúig bhá é uimhir 80 An tSráid Nua (c. 1770), Cill Airne, a bhfuil fuinneoga a linne ann go fóill chomh maith le doras ceann-chiorcalach: maisíodh fráma an dorais níos déanaí, timpeall 1875.

Sa bhliain 1775, leag William, An Chéad Mharcas Lansdowne (1737–1805), agus Taoiseach Shasana (1782–3), amach baile nua-aimseartha Neidín agus tugadh an t-ainm Kenmare air in onóir a charad, Bíocúnta Kenmare ó Chill Airne. Tagraíonn an t-ainm Gælach, Neidín, de lonnaíocht sa chongar a bhunaigh Soir William Petty (1623–87) sa bhliain 1670. Tógadh an baile go mírialta agus tá cruth X air. Tá a lán foirgneamh poiblí ón tréimhse seo sa bhaile, ina measc tá teach cúirte, smachtlann agus teach tábhairne. Is ornáid dheas ar an bhaile é an Seanteach Margaidh, Nua-Chlasaiceach (c. 1790), An Chearnóg/Sráid an Mhargaidh, cé gur dúnadh na stuabhealaí arda ar an urlár talún *(f. 7)*.

Faoi lár na haoise ba chalafort tábhachtach é an Daingean as a n-aispórtáladh cuid mhór línéadach agus tairgí talmhaíochta. Chuir an trádáil bhrábúsach smuigleála go mór leis an gheilleagar áitiúil agus i 1765 chinn an Bárdas ar ché a thógáil. Maraon le calafoirt eile i gCiarraí bhí ceangail ag an Daingean leis an Spáinn. B'fhéidir gur chothaigh an gaol seo leis an Spáinn úsáid mhóitífeanna maisiúcháin i gcuid d'ailtireacht na ré seo: maireann plaiceanna ó cheannaithe Spáinneacha ar mhórán tithe sa Daingean, cé gur milleadh mórán eile trí phéinteáil nó trí lindireáil. Ón uair nach bhfuil go leor fianaise againn, áfách, is deas an rud é tionchar na Spáinne a shamhlú. Tá luath-ghnéithe agus binn sclátaí ar theach scoite (c. 1770) ar Shráid an Doirín agus lána Ghræ sa Daingean, inár mhair an Tiarna Ventry. Úsáideadh é mar bhanc tráth ach anois úsáidtear é mar ghnó M. E. Burke & Co. agus mar áit chónaithe.

I gcomparáid le saibhreas suíomhanna Luath-Chríostaí agus meánaoiseacha, is beag ailtireacht eaglasta ón ochtú haois déag atá fágtha i gCiarraí. Is é an túr aolchloiche (c. 1775) atá ina sheasamh leis féin a bhfuil fágtha d'Eaglais na hÉireann, Sráid Ághas, Lios Tuathail. Tá barraí ón stíl Sheoirseach mar chuid den fhuinneog Ghotach cheann-chiorcalach in Eaglais Ghotach-Sheoirseach na hÉireann, Baile na hEaglaise (1789), An Ghléib, agus doras simplí biorach a thugann blas Gotach dó *(f. 8)*. B'fhéidir go bhfuil áit adhartha a théann siar go dtí thart ar an bhliain 1619 mar chuid den séipéal beag simplí seo. Tugann plaic nod dúinn gur cuireadh an spuaic leis i 1798; dealraíonn sé gur ón am seo a thagann an geata iarainn agus piaraí na bearna geata, atá déanta as cloch shnoite.

(f. 8)
**EAGLAIS NA hÉIREANN
BAILE NA hEAGLAISE**
An Ghléib
(1789)

Séipéal simplí aon chill, trí bhá é seo, a d'fhéadfadh go bhfuil ábhar seandálaíochta mar chuid de agus a bhfuil túr iontrála iontach trí chéim sa stíl Ghotach ann, chomh maith le slatbhalla táibhlithe.

Dá neamhchoitianta an tógáil eaglasta sa tréimhse seo ba mhór an tógáil a bhí ar thithe móra tuaithe. Léiríonn mórán de thithe móra tuaithe na ré féinmhuinín agus saibhreas na haicme údarásaí. Samhlaíodh na tithe seo agus an talamh timpeall orthu mar aonad ealaíonta agus bhí formhór na dtithe móra mar chroílár eastát fairsing. Ní mhaireann mórán acu ina n-iomláine aon áit in Éirinn. I gCiarraí athraíodh cuid mhór de na tithe nó cuireadh leo nó atógadh iad. Milleadh an chéad Theach Kenmare (c. 1726), Diméin Chill Airne, Cill Airne, sa bhliain 1872, agus tógadh ceann eile níos teagartha ar an talamh céanna a dódh go talamh i 1913. Rinneadh áiteanna cónaithe de stáblaí an chéad tí (c. 1830) agus tugadh Teach Kenmare air. Díoladh é seo i 1957 agus ansin tugadh Teach Chill Airne air a fhad is a tógadh Teach Kenmare eile in aice láimhe (iar-1956). Is fothracha cuid eile mar Mainistir Ard Fhearta (c. 1675, 1720 agus c. 1830), Diméin Ard Fhearta, Ard Fhearta, a scriosadh sa fichiú haois déag.

Tá gnéithe ón ochtú haois déag le feiceáil i dtithe a mhaireann go fóill agus uaireanta bíonn eilimintí ó fhoirgnimh ní ba luaithe iontu. Ní hamháin go bhfuil fuinneoga ó luath san ochtú haois déag i dTeach Chathair Uí Mhoráin (c. 1725), Corra Ghráig, ach tá obair struchtúrach ón seachtú haois déag ann freisin *(f. 9)*. Fiú nuair nár athraigh an bundearadh mórán is féidir athruithe i bhfaisean a leanúint ó thús an chéid ar aghaidh, go háirithe sna mionmhaisiúcháin. Seasann an teach mór, Teach Fhearann na gCat (c. 1740), Fearann na gCat, a tógadh do Rowland Blennerhassett (gan dátaí) go fóill, agus tá an chéad doras aolchloiche agus na fuinneoga adhmaid saise agus na fuinneoga comhla ann fós *(f. 10)*. Is móitíf thipiciúil de chuid na Pallaidiamachta í an fhuinneog Serlias atá ar chúl an tí. Is stíl é seo a bhain leis an ailtire Iodálach Andrea Palladio (1508–80), a bhí coitianta i rith an chéid. Cé gur athraíodh an diméin agus gur cúrsa gailf é anois tá an bhearna gheata bhunaidh agus an teach geata spallaí fós ann. Tá annain chloiche ar phiaraí aolchloiche an gheata mar ornáidí buaice; is ón fichiú haois na geataí, áfach. Tá fráma dorais suaithinseach ag an bhealach isteach Iónach ag Teach Chnoc na hEaglaise (c. 1760), An Ghléib. Coinníonn an teach comhaimseartha, Teach Arabela (c. 1760), Arabela, a bhealach isteach aolchloiche colúnach Tuscánach, a fhuinneoga adhmaid saise agus ar an taobh istigh, a chomhlaí fuinneoige *(f. 11)*. Athraíodh mórán tithe ón tréimhse seo sna blianta ina dhiaidh sin de réir mar a tháinig athrú ar chúrsaí faisin. Is dócha go bhfuil na fuinneoga Wyatt i dTeach Chnoc na hEaglaise níos déanaí ná an teach féin, ag léiriú tionchar James Wyatt (1746–1813) a bhí ina chónaí i Londain. Cuireadh sciatháin thaobhacha leis an teach sa bhliain 1832, agus b'fhéidir gur ón dáta céanna atá na fuinneoga.

(f. 9)
TEACH CHATHAIR UÍ MHORÁIN
Corra Ghráig
(c. 1740)

Teach fada íseal dhá stór ó lár an ochtú haois déag atá anseo. Tá frámaí na bhfuinneog bunaidh atá ag éirí níos neamhchoitianta fós ann agus tá ábhar ón chéad roimhe i gcorp an tí chomh maith.

(f. 10)
TEACH FHEARANN NA gCAT
Fearann na gCat
(c. 1740)

Teach mór ón ochtú haois déag é seo, tá buntomhais Sheoirseacha agus siméadracht agus mionmhaisiúcháin Chlasaiceach measctha le chéile ar éadan an tí. Tá cás dorais álainn déanta as aolchloch shnoite sa bhealach isteach.

(f. 11)
TEACH ARABELA
Arabela
(c. 1760)

Teach measartha mór atá tógtha de réir phlean shiméadraigh é seo. Tá stoic shimléir mhóra ar an díon. Cuireadh na starra iontacha bogtha leis níos móille b'fhéidir agus baineann siad le ré na leasríochta.

An Naoú hAois Déag

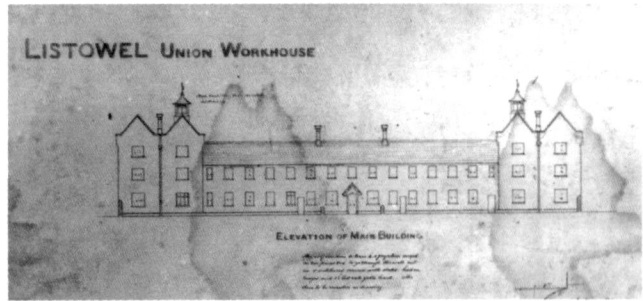
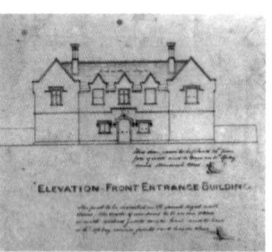

TEACH NA mBOCHT ÁITIÚIL LIOS TUATHAIL
Currach an tSuasáin,
Lios Tuathail
(c. 1845)

Tógadh an chuid is mó de thithe na mbocht le linn ré an Ghorta Mhóir, de bharr gheilleagar na tíre, go háirithe faoin tuath, ag dul in olcas.

Le caoinchead Chartlann Ailtireachta Éireann.

Fágadh suaimhneas an ochtú haois déag ar lár agus tháinig suaitheadh polaitíochta agus sóisialta ina áit. D'athraigh sé seo tír na hÉireann le linn an naoú haois déag. D'aistrigh Acht an Aontais (1801) an chumhacht pholaitíochta ó Bhaile Átha Cliath go Londain. Tógadh mórán séipéal Caitliceach de thoradh Acht Fhuascailt na gCaitliceach (1829). Tháinig maolú mór ar an daonra i ndiaidh tubaiste an Ghorta Mhóir (1845-51) agus an imirce a lean í, rud a d'fhág an t-oileán laghadaithe go mór. Ar an lámh eile, chuir fás impireacht na Breataine go mór le trádáil agus fás eacnamaíochta i gcodanna áirithe den tsochaí. Bhí móitífeanna náisúnacha le feiceáil san ealaíon agus san ailtireacht a bhí spreagtha ag an fhéiniúlacht náisiúnta a bhí ag borradh, chomh maith le gluaiseacht an Rialtais Dúchais. Chuidigh an córas iompair iarnróid le margadh turasóireachta a fhorbairt i gCiarraí. Bhí tírdhreach garbh an chontæ ag teacht leis an tsuim a bhí ag daoine i radharcanna fiáine agus rómánsúla. Ba é seo an faisean forleathan a bhí ann. Chuir an dá rud seo go mór fosta leis an nós a bhí ann foirgnimh mhóra a thógáil i láithreacha drámata a bhí in ainm is cur go mór leis an éifeacht phictiúrtha.

Leanadh ar aghaidh le forbairtí uirbeacha, ar cuireadh tús leo san ochtú haois déag, agus de réir a chéile rinneadh ionaid ghnó agus riaracháin de bhailte. Bhí sé seo le feiceáil sa mhéadú a tháinig ar an líon tithe cúirte, príosún, ospidéal agus scoileanna. Go minic chuir foirgnimh a bhí bainteach le cúrsaí dlí agus ord daingne cuspóire agus neart in iúl. Tá dearadh Clasaiceach ar an teach beag cúirte agus ar an tsmachtlann (c. 1830) i mBaile an Mhuilinn, dearadh a bhíonn le feiceáil ar thithe de ghnáth. Tógadh é i slí a thabharfadh uaisleacht scála le fios agus cabhraíonn an tsaoirseacht aolchloiche eisléire leis an éifeacht seo a threisiú. Tá an áit riaracháin lonnaithe sa phríomhbhloc atá ag gobadh amach agus tá sciatháin thaobhacha ina theannta do phríosúnaigh, idir fhir agus mhná. Rinneadh teach príobháideach den fhoirgneamh ó shin, ach taispeánann sé conas a cuireadh eilimintí den dearadh Clasaiceach in oiriúint de riachtanais teach beag cúirte agus príosúin. Tá an saghas céanna dearaidh ar an teach cúirte agus smachtlann i dTairbeart (1831) — foirgneamh beag spallaí atá déanta as gaineamhchloch agus atá anois ina ionad oidhreachta *(f. 12)*. Cé go bhfuil mórán athruithe déanta air is é an teach cúirte ar Shráid Ághas, Trá Lí (1834) an ceann is fearr sa chontæ *(f. 13)*. Tá an loime foirme agus cúise a bhaineann go minic le hailtireacht na dtithe cúirte ón tréimhse seo le feiceáil sa tslí a n-úsáidtear an t-ord Iónach agus póidiam ard san fhoirgneamh. Is é William Vitruvius Morrison (1794–1838) a dhear é, tógadh é le haolchloch áitiúil agus is macalla é dá theach cúirte eile i gCeatharlach (1828) chomh maith.

(f. 12)
IONAD OIDHREACHTA TAIRBEART
(Iartheach Cúirte)
Tairbeart
(1831)

Foirgneamh Clasaiceach de dhéanamh breá atá ar scála measartha beag agus tógtha de réir phlean shiméadraigh. Bhíodh an chúirt agus na hoifigí sa bhloc láir agus príosúnaigh, idir fhir agus mhná, sna sciatháin chliathánacha.

(f. 13)
TEACH CÚIRTE THRÁ LÍ
Sráid Ághas,
Trá Lí
(1834)

Tá cosúlachtaí idir an dearadh seo le William Vitruvius Morrison agus tógra eile comhaoiseach dá chuid i gCeatharlach. Tá colúnáid an-mhór pheidiméideach sa dá fhoirgneamh a bhfuil péire cuar-sheomraí cúirte taobh thiar di. Thaobhaigh siad seo an halla iontrála láir.

(f. 14)
BEAIRIC NA nGARDAÍ
Sráid Ághas,
Lios Tuathail
(c. 1860)

Tógadh é seo do Chonstáblacht Ríoga na hÉireann (CRE). Tá na frámaí fuinneoga bunaidh fós san éadan siméadrach tosaigh. Is pointe comhtheagmhála é an cás dorais lindireáilte a bhfuil clocha láidre garbha thart air agus a bhfuil bearna cheann-chiorcalach air chomh maith.

(f. 15)
IONAD OIDHREACHTA CHATHAIR SAIDHBHÍN (IAR-BHEAIRIC CRE)
Cathair Saidhbhín
(c. 1871)

Struchtúr neamhghnáthach i stíl Albanach Bharúnach. Dódh go talamh é le linn na 'dtrioblóidí' 1919–21 agus fágadh ina fhothrach é go dtí gur athchóiríodh é sna 1990í.

Tógadh Beairic na nGardaí (c. 1860), i Sráid Ághas, Lios Tuathail, do Chonstáblacht Ríoga na hÉireann (CRE) agus cé go bhfuil an dearadh simplí tá sé ar scála suntasach *(f. 14)*. An maisiúchán is suntasaí lasmuigh ná an póirse cúlaithe a bhfuil clocha láidre garbha thart air, rud a thugann údarás cuí don fhoirgneamh. Caomhnaíodh réimse gnéithe bunaidh: fuinneoga, píosa ráillí ar thaobh na sráide agus an gabhdán dronnach i gcomhair lampa gáis. Tugann an tIar-Bheairic CRE (c. 1871), Cathair Saidhbhín, stíl an Chaisleáin Bharúnaigh Albanaigh chun cuimhne toisc an dearadh neamhrialta atá air, an bhinn chéimithe agus an túirín atá ar an choirneál *(f. 15)*. Dódh go holc é i rith Chogadh na Saoirse (1919–21), ach atógadh é sna 1990í agus is ionad oidhreachta anois é.

Ceapadh go raibh na stíleanna meánaoiseacha a bhí i bhfaisean ag an am — uaireanta samhailteach agus uaireanta eile bunaithe ar réamhshamplaí — oiriúnach do mhórfhoirgnimh phoiblí na linne i gCiarraí. Ní hamháin gur bhain an stíl seo le faisean faoi leith ach de dheasca a neamhrialtachta d'fhéadfadh an foirgneamh tréith orgánach a thógáil ar féin sa dóigh is go bhféadfaí tuilleadh a chur leis an chéad struchtúr go héasca. Tógadh Ospidéal Naomh Fíonán (1849), Bóthar na gCloch, Cill Airne, nuair a bhí suim á cur go forleathan i stíl na hAthbheochana Gotaí *(f. 16–17)*. Soir Thomas Deane (1792–1871) a dhear agus bhí tionchar nach beag ag an ailtire Sasanach Augustus Welby Northmore Pugin (1812–42) air chomh maith. Is foirgneamh mór aolchloiche trí bhá is fiche é an t-ospidéal a thugann saoirseacht ar ardchaighdeán agus mionsonraí maisiúcháin éagsúla le chéile. Seasann sé i gcroílár ghrúpa foirgneamh agus cuireadh leis go minic sna blianta ina dhiaidh sin, cé nach i gcónaí a tugadh an aird chéanna do na mionsonraí.

(f. 16)
OSPIDÉAL NAOMH FÍONÁIN
Bóthair na gCloch,
Cill Airne
(1849)

Is é Soir Thomas Deane a dhear an t-ospidéal seo agus is sampla é den tsuim a bhíothas ag cur i stíl na hAthbheochana Gotaí go háirithe i gcomhair foirgneamh poiblí ar scála mór i gCiarraí. Tógadh na tithe oibre, mar shampla, sa stíl chéanna.

(f. 17)
OSPIDÉAL NAOMH FÍONÁIN
Bóthair na gCloch,
Cill Airne

Is é an rud is suntasaí faoin ospidéal seo ná an iliomad beann agus gaibléad atá ar an díon.

(f. 18)
SÉIPÉAL NAOMH EOIN
An Chearnóg,
Lios Tuathail
(1819)

Séipéal beag sa stíl Ghotach atá anseo. Tagraíonn sé do shéipéil Eaglais na hÉireann ó ré níos luaithe de bharr an túir iontrála tháibhlithe atá déanta as cloch shnoite.

(f. 19)
SÉIPÉAL NAOMH EOIN
An Chearnóg,
Lios Tuathail

Ní leis an séipéal amháin a bhaineann an ghné ornáideach seo ach tá sé le sonrú sna ráillí iarainn saoirsithe seo chomh maith.

(f. 20)
SÉIPÉAL CHILL CHOLMÁIN
Baile Uachtarach Thuaidh,
Baile an Mhuilinn
(1819)

Comhaoiseach le Séipéal Naomh Eoin, Lios Tuathail, is sampla níos simplí an ceann seo, a bhfuil corp simplí Gotach aige chomh maith le túr táibhlithe uileláithreach.

(f. 21)
EAGLAIS CHÁRTHAIGH
Méanas,
Cill Tulach
(1816)

Is minic suíomh séipéil chomh tábhachtach céanna leis an fhoirgneamh féin. I gCill Tulach tá an séipéal suite go deas ag bun ascaill fhoirmeálta. Tá talamh thírphictiúrtha thart uirthi a bhfuil uaigheanna inti.

Is ó timpeall na bliana 1890 a thagann na tithe geataí aolchloiche.

Thóg Eaglais na hÉireann mórán séipéal ag tús an chéid le deontais ó Bhord na gCéad Torthaí (c. 1711 - c. 1830). Ag tús ama bhí foirm shimplí, agus uaireanta lom, na stíle Athbheochana Gotaí ag na séipéil. Bhí sé seo le feiceáil sna cróite snáthaide simplí agus sa bheagán maisiúcháin a rinneadh orthu. Tháinig stíl ní ba mhaisithe chun cinn níos déanaí sa chéad, de réir mar a tháinig athruithe ar chleachtadh liturgach na hEaglaise. Tógadh Séipéal Naomh Eoin (1819), An Chearnóg, Lios Tuathail, le tacaíocht ó Bhord na gCéad Torthaí agus léiríonn na cróite snáthaide simplí an faisean ailtireachta eaglasta ó thús an chéid a bhíodh géar go minic; is ionad oidhreachta anois é *(f. 18–19)*. B'fhéidir gur chuir George Richard Paine (1793–1838) leis sa bhliain 1834. Tugadh an saghas céanna tacaíochta do thógáil Shéipéal Chill Cholmáin (1819), Baile Uachtarach Thuaidh, Baile an Mhuilinn *(f. 20)*. Tá sé déanta as meascán spallaí lindireáilte — brící dearga agus gaineamhchloch — agus athchóiríodh ón taobh istigh é timpeall ar an bhliain 1865.

Tógadh cuid de na séipéil ar chreatlach de struchtúr atá níos sine ná iad. Tá sraith chróite snáthaide simplí in Eaglais Chárthaigh (1816), Méanas, Cill Tulach, agus tá an túr iontrála chomh simplí céanna ach é a bheith breá suaithinseach *(f. 21)*. Go minic, ba iad na túir iontrála seo an ghné ailtireachta ba raibeanaí agus b'fheicealaí i séipéil ar fud na hÉireann; bíonn cuma bhreá phictiúrtha orthu i dtimpeallacht Chiarraí. Rinneadh athchóiriú ar an taobh istigh d'Eaglais Chárthaigh sna 1870í.

Réamhrá ar Oidhreacht Ailtireachta Chontæ Chiarraí

An Naoú hAois Déag

(f. 22)
ARDEAGLAIS NAOMH MUIRE
Plás na hArdeaglaise,
Cill Airne
(1842–55)

Struchtúr cuimhneacháin i stíl na hAthbheochana Gotaí é seo a dhear A.W.N. Pugin. Tá cosúlachtaí idir é agus togra eile dá chuid — Ardeaglais Naomh Aodán, Inis Cárthaigh, Contæ Loch Garman. Cuireadh cúpla bá eile le hArdeaglais Naomh Muire agus cuireadh an túr agus an spuaic leis c. 1900 faoi stiúir an ailtire G. C. Ashlin.

(f. 23)
ARDEAGLAIS NAOMH MUIRE
Plás na hArdeaglaise,
Cill Airne

Níor fágadh mórán den ardeaglais gan mhaisiú agus tá na doirse tosaigh maisithe le hinsí iarainn saoirsithe atá an-ornáideach.

(f. 24)
ARDEAGLAIS NAOMH MUIRE
Plás na hArdeaglaise,
Cill Airne

Rinneadh athchóiriú agus atheagrú ar an taobh istigh den ardeaglais i gCill Airne sna 1970í agus cailleadh mórán de scéimeanna Pugin. Más ea, tháinig an bhaistealann saor ón athchóiriú agus tá sé fós faoi mar a bhí i dtús ama. Scarann geataí ornáideacha an bhaistealann ó chorp na heaglaise.

Maireann na ráillí comaoineach, an bord áltóra agus an phuilpid ón ré seo; baineann an t-umar baiste aolchloiche (1821) le ré níos luaithe.

Fiú nuair a bhíonn an séipéal féin simplí, b'fhéidir go mbeadh leachtanna breátha agus foirgnimh bhreise le fáil sa reilig agus ar thalamh an tséipéil. I Séipéal Chill Cholmáin tá leac tuama cloch shnoite (c. 1820 – 1920) agus bearna gheata ann ó thart ar an bhliain 1820. Cé gur leagadh cuid de Shéipéal Chnocáin (1812), Fearann na gCat, is fiú trácht ar thuama Mhic Ghiolla Choda (1820), atá déanta as aolchloch eisléire ghalánta. Is cosúil le séipéal beag ar scála iomlán é Tuama Ventry (c. 1860), Diméin Bhaile an Ghóilín, An Ráithín Thuaidh, a bhfuil stíl na hAthbheochana Gotaí air — is minic an éifeacht seo ar struchtúir dá leithéid. Cé gur tógadh go déanach sa chéad é, tá an séipéal beag Eaglais na hÉireann (c. 1865), An Phríomh Shráid, Cathair Saidhbhín cosúil le séipéal ó am níos luaithe toisc go bhfuil línte loma le feiceáil air. Dhear an t-ailtire William Welland (1798–1860), a bhí lonnaithe de ghnáth sa tuaisceart, agus an t-ailtire William Gillespie (d. 1896) an séipéal seo agus is dánlann an 'Old Oratory' anois é.

Mar chodarsnacht ar seo, bhí séipéil na hEaglaise Caitlicí ag éirí ní b'ardaidhmeannaí. Bhí an Eaglais tar éis bacanna an chéid roimhe sin a chur di, bhraith sí caithréimeach i ndiaidh na fuascailte agus mar thoradh air seo tháinig borradh suntasach ar thógáil séipéal, mórán acu ar scála ar bhreáthacht iontach. Úsáideach stíleanna éagsúla a bhí go minic faoi thionchar mhúnlaí na Mór-Roinne. Tógadh mórán séipéal, áfach, in ainneoin bochtannas mór agus de bhrí an bhochtannais sin ní fhéadfaí na scéimeanna casta maisiúcháin a chur i gcrích ina n-iomláine. Tá samplaí tábhachtacha den stíl Athbheochan Ghotach i gCiarraí agus, gan aon dabht, is é Ardeaglais Mhuire (1842–55), Plás na hArdeaglaise, Cill Airne *(f. 22–24)* an ceann is fearr acu. Is é an t-ailtire cáiliúil Augustus Welby Northmore Pugin (1812–52) a dhear an eaglais agus is é an t-easpag Benedict Dáithí Ó Muircheartaigh (1812–77) a d'ordaigh a tógáil. Tá an cion a bhí ag Pugin ar fhíor-réamhshamplaí meánaoiseacha le feiceáil san eaglais, sa chás seo Ardeaglais Salisbury ón tríú haois déag agus an fothrach ardeaglasta in aice láimhe in Ard Fhearta. Bhain Pugin úsáid as an stíl Luath-Shasanach, a dhóigh leis a bhí oiriúnach don suíomh garbh Ciarraíoch toisc í a bheith simplí. Dhear mac Pugin, Edward Welby Pugin (1834–75) na reredos a tháinig ina dhiaidh sin i 1854. D'ordaigh an tEaspag Ó Muircheartaigh séipéal Caitliceach Nua-Ghotach, Seipéal na Croise Naofa (c. 1870), i dTrá Lí, chomh maith. Is sampla iontach é dá leithéid, úsáideann sé aolchloch bhreá eisléire ón taobh amuigh chomh maith le gaineamhchloch dhearg

(f. 25)
SÉIPÉAL CAITLICEACH NAOMH BREANDÁN
Ard Fhearta
(1855)

I ndiaidh Fhuascailt na gCaitliceach i 1829, theastaigh ó mhórán paróistí séipéil mhóra a thógáil, maoinithe ag deontais dheonacha. Tugann na taobhranna, an túr téagartha agus an spuaic uaisleacht faoi leith do Shéipéal Caitliceach Naomh Breandán.

(f. 26)
SÉIPÉAL CAITLICEACH NAOMH BREANDÁN
Ard Fhearta

Mionsonrú de ráillí atá thart ar reilig an tséipéil ó luath sa fichiú haois. Cruthaítear éifeacht shimplí ach ornáideach trí úsáid na móitífeanna Ceilteacha.

agus tá adhmadóireacht ealaíonta le feiceáil ón taobh istigh.

Ba é Seán Seamus Mac Cárthaigh (1817–82) an príomhdheisceabal Éireannach a bhí ag Pugin. D'oibrigh sé, ní hamháin ar Ardeaglais Mhuire ach, chomh maith, dhear sé cúpla séipéal ar fud an chontæ a raibh éagsúlacht stíleanna athbheochana orthu. Bhí sé seo ag teacht le heicleicteachas ginearálta ailtireachta na ré. Tá Séipéal Caitliceach Naomh Breandán (1855), Ard Fhearta *(f. 25–26)*, agus Séipéal Caitliceach Naomh Eoin Baiste (c. 1865), Páirc an Fhia, Lios Póil, déanta sa stíl Luath-Shasanach. Sna séipéil seo bíonn leagan amach an tséipéil lastigh le feiceáil go soiléir ón dearadh atá ar an taobh amuigh agus go minic baintear úsáid as saoirseacht atá ar ardchaighdeán. Dhear Mac Cárthaigh Séipéal Caitliceach Naomh Mícheál (1865), Cill Bheineáin, i Leic Snámha, sa stíl Rómhánúil *(f. 27–28)*. Thuar an stíl Rómhánúil faisean na hAthbheochana Ceiltí a bhí ag bachlú — stíl a chuirfí i bhfeidhm ní ba mhó i leaca cuimhneacháin ar thalamh séipéil áirithe, go háirithe na crosa ceilteacha a raibh an-tóir orthu timpeall na bliana 1900. Dhear Philip Charles Hardwick (1822–92) Séipéal Naomh Mícheál (c. 1865), Droimne Beag, An tSnaidhm, i stíl Iodálach. Bhain sé úsáid as réimse fuinneoga ceann-chiorcalacha i slí a thugann ailtireacht Lombard chun cuimhne. D'oibrigh Mac Cárthaigh agus George Coppinger Ashlin (1837–1921) ar Shéipéal Caitliceach Naomh Eoin, Trá Lí (1861). Athraíodh an séipéal agus cuireadh a thuilleadh leis sna 1950í, ach tá réimse gnéithe bunaidh ann, fuinneoga gloine dhaite le Mícheál Ó Conchúir (fl. 1861) ina measc. Tá oidhreacht A. W. N. Pugin agus Mhic Cárthaigh le feiceáil i mórán séipéal ar fud an chontæ, ina measc, séipéal caitliceach Naomh Séamus (1887–91), i gCill Orglan, le Walter Glynn Doolin (1850–1902) *(f. 29–31)*. Leanann Séipéal Caitliceach Naomh Eoin, Baile an Bhuinneánaigh (1897), leis an traidisiún, ach tá sé soiléir ón túr maol nach raibh go leor airgid ann leis na haidhmeanna ailtireachta a chur i gcrích. Bhí na túir mhaola seo comónta go leor ar fud na hÉireann.

(f. 29)
SÉIPÉAL CAITLICEACH NAOMH SÉAMUS
Cill Orglan
(1887–91)

Tá sé soiléir ar mhórán de shéipéil chatliceacha Chiarraí go raibh a lán airgid i gceist lena dtógáil. Sa chás seo, feictear é sa tsaoirseacht chloiche atá ar ardchaighdeán. Ó am go chéile, áfach, d'imíodh an t-airgead sula gcríochnófaí an tógáil. Chiallaigh sé seo go mbíodh mionsonraí ann gan chríochnú ar nós an túr coirnéil maol seo.

(f. 27)
SÉIPÉAL CAITLICEACH NAOMH MÍCHEÁL
Cill Bheineáin,
Leic Snámha
(1865)

Sampla den stíl Rómhánach-Ibeirneach, faoi mar a fheictear sa chás dorais cloch shnoite ornáideach, sa rósfhuinneog, agus a bhfuil déanta leis an chuid uachtarach agus spuaic an túir.

(f. 28)
SÉIPÉAL CAITLICEACH NAOMH MÍCHEÁL
Cill Bheineáin,
Leic Snámha

Baintear úsáid bhreá ornáideach as iarann teilgthe ar bhalla teorainn Shéipéal Chaitliceach Naomh Mícheál. Feictear Clochar na Toirbhirte atá buailte leis sa chúl.

(f. 30)
SÉIPÉAL CAITLICEACH NAOMH SÉAMUS
Cill Orglan

Sampla d'obair chloiche ornáideach a chuireann go mór le mórán séipéal sa chontæ, idir Chaitliceach agus Phrodastúnach atá anseo.

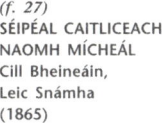

(f. 31)
SÉIPÉAL CAITLICEACH NAOMH SÉAMUS
Cill Orglan

Tá na fuinneoga fíneálta gloine dhaite seo ar cheann de na gnéithe ealaíonta suntasacha atá le sonrú i bhfoirgnimh.

(f. 32)
PÁLÁS AN EASPAIG/CLÉIRTHEACH NAOMH MUIRE
Inse,
Cill Airne
(c. 1865)

Foirgneamh breá mór i stíl na hAthbheochana Gotaí, tá Pálás an easpaig déanta as cloch shnoite agus tá túr iontrála tréan mar mhaisiú air. Tá sé ar cheann de na struchtúir atá gaolmhar leis an eaglais atá ar fud bhaile fearainn Inse, ina bhfuil cléirtheach agus ardeaglais chomh maith.

Agus tábhacht institiúide na hEaglaise Caitlicí ag méadú, tógadh mórán clochar agus go leor foirgeamh gaolmhar do phobail reiligiúnda. I stíl na hAthbheochana Gotaí samhlaíodh an coincheap de ghrúpa foirgneamh sínte le séipéil, scoileanna, clochair agus mainistreacha. Tá mórán samplaí foirfe i gCiarraí, ina measc, Clochar na Toirbhirte (c. 1850), Clochar na Croise Naofa tráth, Bóthar na gCloch agus Coláiste Bhréanainn (c. 1860), Inse, an dá cheann i gCill Airne. Tá an dá cheann suite timpeall ar chlóis, rud a thugann leagan amach na gcoláistí meánaoiseacha chun cuimhne. Faoi mar atá in Ospidéal Naomh Fíonán (1849), Bóthar na gCloch, Cill Airne, úsáideann an dá áit meascán d'ábhar tógála faoi mar a rinne A. W. N. Pugin agus a lucht leanúna, sa chás seo spallaí agus aolchloch eisléire. Deirtear gur duine de na deartháireacha Hansom, John Aloysius (1803–82) nó Charles (1817–88) a thóg Clochar na gCláiríní Bochta (bunaithe 1862), Sean Bhóthar Chill Airne, Neidín, agus Séipéal Caitliceach na Croise Naofa (c. 1863) in aice láimhe. Baintear usáid as stíl na hAthbheochana Gotaí i bPálás an Easpaig/Cléirtheach Naomh Muire (c. 1865), Inse, Cill Airne ón ré chéanna. Feictear é seo sa mheascán ábhar tógála a úsáideach in éineacht le móitífeanna na hAthbheochana Gotaí cosúil le fuinneoga triufasaí agus insí feiceálacha maisithe ar na doirse tosaigh *(f. 32)*.

Go coincheapúil, ar a laghad, bhí ard-chaighdeán bainte amach ag gné mhaisithe na hAthbheochana Gotaí i gCiarraí i Séipéal na Croise Naofa/Leacht cuimhneacháin Uí Chonaill (1885), An Phríomh Shráid, Cathair Saidhbhín *(f. 33–34)*. Bhunaigh an Canónach Timothy Brosnan an séipéal seo le hairgead a bhailigh sé féin den chuid is mó. Thóg an t-ailtire George Coppinger Ashlin (1837–1921) a bhí lonnaithe i gCorcaigh, é le heibhear ó Iúr Cinn Trá, i gcomhair comóradh céad bliain Dhónaill Uí Chonaill (1775–1847). Ba pháirtnéir de E. W. Pugin é Ashlin ó bhí 1860 ann. Leagadh an coincheap bunaidh amach san fhoilsiúchán The *Irish Builder* i mí Iúil 1885; thosaigh nach mór deich mbliana d'idirbheartaíocht fhada ansin agus cuireadh tús leis an togra ardaidhmeannach i 1888. Cé nár cuireadh i bhfeidhm an dearadh go hiomlán, bhí an scóp a shamhlaigh Ashlin ina dhearadh bunaidh le sonrú sa bhogtha bléineasnach ar an taobh istigh agus stuabhealaí colúnacha cnuasaithe, gloine dhaite, agus áiléar ornáideach orgáin ann. Maraon le mórán eile de thógraí Ashlin in Éirinn, bhí úsáid mhaith ar chruthú toirte agus maisiúchán ina dhearadh bunaidh faoi mar a bheadh le fáil de ghnáth i bhfoirgnimh i bhfad níos mó.

(f. 33)
SÉIPÉAL NA CROISE NAOFA/LEACHT CUIMH-NEACHÁIN UÍ CHONAILL
An Phríomh Shráid, Cathair Saidhbhín

Ordaíodh tógáil an tséipéil seo i gcuimhne Dhónaill Uí Chonaill ag comóradh céad bliain a bhreithe. Tá Séipéal na Croise Naofa suite ar ardán agus is comhartha fearainn agus pointe suntasach é i mbaile Chathair Saidhbhín.

Le caoinchead Chartlann Ailtireachta Éireann.

(f. 34)
SÉIPÉAL NA CROISE NAOFA/LEACHT CUIMH-NEACHÁIN UÍ CHONAILL
An Phríomh Shráid, Cathair Saidhbhín

Tá an taobh istigh maisithe le mórán painéal a bhfuil mósáic fíneálta orthu. Cuireann siad go mór le tábhacht ealaíonta na scéime iomláine.

I gcomparáid leis an saibhreas eaglasta seo, dealraítar go bhfuil gnáthailtireacht uirbeach an teaghlaigh macánta go leor. Níor tháinig mórán athraithe ar an fhoirmle pleanála a bunaíodh go déanach san ochtú haois déag ach amháin i gcúrsaí maisithe agus scála. Tá samplaí maithe i gCill Airne agus i Lios Tuathail de shraith neamhscoite tithe ón luath naoú haois déag a léiríonn an claonadh seo, agus a thagann leis an fhaisean a bhí in ionaid uirbeacha mhóra in Éirinn agus sa Bhreatain. Is samplaí tipiciúla iad Uimhreacha 35 – 36, An Chearnóg (c. 1820), Lios Tuathail, de shraith neamhscoite tithe, comhaoiseach, uirbeach *(f. 35)*. Cé go ndearnadh mórán athruithe ar Uimhreacha 67 (Teach Naomh Seosamh) — 68 (Áras Agais) An tSráid Nua (c. 1805), Cill Airne, tugann siad le fios fós an scála mór a bhí ag a leithéid de thithe; tá fráma dorais adhmaid colúnach de dhéanamh Doric in Uimhir 67. Cé go bhfuil athruithe déanta ar na 'Port Cottages' (c. 1840), Port Road, Cill Airne, tugann siad fianaise dúinn ar thithíochta uirbeach atá níos lú. Tá samplaí de shraith neamhscoite tithe sclátaí, Corra Ghráig (c. 1860) i gCathair Uí Mhoráin (Blennerville), baile beag a fuair a ainm ó na Blennerhassets agus a bunaíodh mar chalafort do Thrá Lí. Arís, in ainneoin athruithe, is luath-shampla d'úsáid choincréit gan treisiú atá in Ardán Naomh Muire (c. 1890), Bóthar Naomh Muire, Cill Airne, ina bhfuil sraith teachín, agus naoi gcinn déag acu atá i gceist, le fuinneoga dormánta iontu *(f. 36–37)*.

(f. 35)
35 AN CHEARNÓG
Lios Tuathail
(c. 1820)

Teach breá córach cosúil leis na tithe a tógadh d'aicme rachmasach na gceannaithe é seo. Tá gnéithe bunaidh fós in Uimhir 35, mar shampla, fuinneoga sais ilphánacha agus feanléas spócach. Is ceann de phéire é — an ceann eile in Uimhir 36 ar thaobh dheis an phictiúir.

De bharr borradh i gcúrsaí trádála cuireadh níos mó foirgneamh in oiriúint d'úsáid ghnó. Tá fáil ar mhórán éadan siopaí agus éadan tithe tábhairne breátha ar fud Chiarraí, cé go bhfuil athruithe déanta ar a lán acu. Cuireadh an t-éadan gnó deas adhmaid atá ar an fhoirgneamh ar a dtugtar 'Courtney's' (c. 1820) inniu air, An tSráid Ard, Cill Airne, timpeall na bliana 1890. Go minic, coiméadtar éadan tithe tábhairne agus athraítear ó bhonn an chuid eile den fhoirgneamh: mar shampla an taobh amuigh de theach tábhairne 'Sean Leo O'Sullivan's' (c. 1840), Sráid Phluincéid, Cill Airne, a cuireadh in airde timpeall 1890; rinneadh athchóiriú cuimsitheach ar an gcuid eile den fhoirgneamh c. 1935. Maireann samplaí níos iomláine den genre ó thús an chéid i dteach tábhairne 'O'Hanlon Feale Bar' (c. 1890), An tSráid Mhór, Baile an Bhuinneánaigh agus i dteach tábhairne 'John R's' (c. 1900), 70 Sráid na hEaglaise, Lios Tuathail. Bhí móitífeanna a bhí spreagtha ag an ailtireacht Chlasaiceach mar chuid d'éadain ar

(f. 36)
ARDÁN NAOMH MUIRE
Bóthar Naomh Muire,
Cill Airne
(c. 1890)

Seo sraith tithe neamh-scoite ina bhfuil naoi dteach déag. Tá siad suntasach tiosc gurbh iad na céad tithe sa réigiún a bhí déanta as coincréit gan treisiú.

(f. 37)
ARDÁN NAOMH MUIRE
Bóthar Naomh Muire,
Cill Airne

Mionsonrú d'fhuinneog ilphánach le fráma cruach a mhaireann fós atá anseo. Cuireadh cinn nua-aimseartha neamhoiriúnacha ina n-áit sna tithe eile.

fud na hÉireann: piléir bhalla, bracanna bracógacha, coirnisí.

Tógadh foirgnimh eile go speisialta de chúrsaí gnó. Is sampla tipiciúil é Banc na hÉireann (c. 1880), An Chearnóg, Lios Tuathail, a léiríonn nua-rathúnas rannóg an bhainc agus saibhreas na meánaicme a bhí ag fás léi i gcónaí *(f. 38)*. Cé go ndearnadh athruithe suntasacha ar an taobh istigh i lár na 1980í, tá cuarfhuinneoga bunaidh, an maisiú Clasaiceach ar aolchloch, díreach ón chairéal, agus an choirnis bhracógach fós ar an taobh amuigh. Chaomhnaigh Banc Aontas Éireann (AIB), (c. 1900), An Phríomh Shráid, Cill Airne, réimse de ghnéithe bunaidh, ina measc, na fuinneoga saise agus fordhoirse múnlaithe. Athchóiríodh an t-urlár talún sna 1940í.

(f. 38)
BANC NA hÉIREANN
An Chearnóg,
Lios Tuathail
(c. 1880)

Bhí ailtirí cónaithe ag na hinstitiúidí bainc ar fad agus dhear siad mórán d'fhoirgnimh bhainc an naoú haois déag i gCiarraí. Tá cuma an palazzo, sa stíl Iodálach, ar an struchtúr i Lios Tuathail, stíl a raibh an-tóir uirthi chun foirgnimh dá leithéid a dhearadh.

(f. 39)
SCOIL NAOMH BRÍD
An tSráid Nual,
Cill Airne
(1886)

Tógtha ar phlean atá i gcruth U, cloíann leagan amach Scoil Bhríde le pleanáil thipiciúil Victeoiriach sa tslí is go bhfuil bloc láir taobhaithe ag dhá sciathán an U. Tá na seomraí ranga sna sciatháin seo, buachaillí i gceann amháin agus cailíní sa cheann eile.

(f. 40)
SCOIL NAOMH BRÍD
An tSráid Nual,
Cill Airne

Cé go bhfuil dearadh fóntaíoch ar an scoil is féidir suntas a dhéanamh den chás dorais ornáideach agus den laindéar atá clúdaithe le copar.

Is annamh a d'fheicfeá foirgnimh phoiblí déanta as brící lasmuigh de bhailte móra ach tá cúpla sampla ón naoú haois déag i gCill Airne. Seasann Sean Halla an Phobail (c. 1880), An Phríomh Shráid, i lár an bhaile agus níl an loime a fheictear ar fhoirgnimh phoiblí eile le brath air; is éifeacht é seo a chruthaítear trí an obair bhríce agus an t-éadan maisithe atá air. Déanta de brící dearga agus cóirú gaineamhchloiche air, feictear ann bealach cóiste comhtháite, díon ag síneadh amach thar an bhalla agus stuaiceanna air, agus gaibléad Ollannach.

Tugann scála na n-oifigí poist ón naoú haois déag le fios a thábhachtaí is a bhí a ról sóisialta agus ailtireachta sna bailte. Tá Oifig an Phoist (c. 1900), An tSráid Nua, Cill Airne, déanta de bhrící dearga agus seasann sé ar phlionta aolchloiche. Tá rianta múnlaithe atá suite ar philéir bhalla bhríce mar chuid de na fuinneoga dronnacha ar urlár na talún. Baintear úsáid fós i gCiarraí as mórán seanbhoscaí poist cosúil leis an cheann ar An tSráid Nua, Cill Airne (c. 1905). Tógadh foirgnimh bheaga sheirbhíse ar fud an chontæ chun déileáil leis an mhéadú déiríochta agus céirdeanna eile. Sampla amháin den fhorbairt seo ná Margadh an Bhainne (c. 1880), An tSráid Ard (taobhach le), Cill Airne; athchóiríodh é sna 1980í.

Ón uair go raibh an naoú haois déag antógtha le hoideachas, tháinig borradh suntasach ar líon na scoileanna i gCiarraí i rith an ama seo. Tógadh mórán bunscoileanna tar éis bhunú an Bhoird Náisiúnta Oideachais i 1806, go háirithe sna blianta i ndiaidh 1831. Is sampla tipiciúil í Scoil Shráid an Aoil (c. 1830), Sráid Shoil Bhroin, Neidín; tá sí déanta as spallaí le cúinní aolchloiche agus bunaithe ar phlean ginearálta. Tá an scála beag agus tá an méid maisiúcháin atá ann go huile is go hiomlán fóntaíoch rud a oireann d'fhealsúnacht oideachasúil na linne. Tógadh teach an mháistir (1880), Sráid Shoil Bhroin, atá in aice láimhe, caoga bliain níos déanaí. Tá Scoil Naomh Bríd, (1886), An tSráid Nua, Cill Airne, Bunscoil Naomh Muire tráth, déanta de bhrící dearga ar phlean a bhfuil cruth U air. Tagann sé seo salach ar an fhaisean a bhí ann a chuir suim i saoirseacht bhreá nó i spallaí lindireáilte. Bhíothas in ann na buachaillí agus cailíní a scaradh óna chéile ag úsáid sciatháin an U *(f. 39–40)*. Is gné shuaithinseach eile é an laindéar atá clúdaithe le copar.

Ní raibh mórán toradh ar Acht na nEastát Fiachbháite 1849 i gCiarraí, cé gur raibh sé in ainm is achar mór talún a chur i lámha na dtionóntaí seachas na dtiarnaí talún. Suas chomh fada le 1876 bhí 75% den talamh ag sé thiarna talún is fiche, nó mar sin, is é sin bhí níos mó ná 10,000 acra an duine acu; Bhí 29,200 éigin acra ag Richard Mahony (n. d.) ó Chaisleán An Droma Mhóir (1831–8), An Drom Mór, in aice le Neidín. Ní haon iontas, mar sin, gur tógadh mórán tithe móra tuaithe sa ré seo agus gur cuireadh leis na foirgnimh in ainneoin an bhochtannais máguaird. Fostaíodh ailtirí as Éirinn agus as An Bhreatain chun tithe tábhachtacha a dhearadh agus tá oidhreacht shuntasach ag Ciarraí sa réimse áirithe seo den ailtireacht.

SCOIL MHÁISTIR GAOITHE, Máistir Gaoithe (c. 1880)

Murab ionann is an chuma shaibhir atá ar Scoil Naomh Bríd is foirgneamh fada aon stór é an sampla comhaimseartha seo atá déanta as spallaí lindireáilte. Tá an chuma chéanna ar an taobh amuigh go fóill agus tá an t-ábhar bunaidh le feiceáil ann.

Maisíodh cuid de na foirgnimh mhóra le móitífeanna meánaoiseacha toisc an tsuim a cuireadh san fhaisean sin go luath sa naoú haois déag. D'éireodh fíor-stíl na hAthbheochana Gotaí níos treise sna blianta a bhí le teacht — stíl a bhaineann lena lán d'ailtireacht eaglasta. Is sampla tipiciúil é an creatlach atá ag Caisleán Bhaile Uí Thaidhg (c. 1758), Baile Uí Thaidhg, de thithe móra ó lár an ochtú haois déag *(f. 41–42)*. Ag cloí leis an stíl Rómánsach, mhaisigh Richard Morrison (1767–1849), agus a mhac William Vitruvius Morrison (1794–1838), an caisleán le móitífeanna Gotacha agus móitífeanna ó stíl na hAthbheochana Túdaraí sa bhliain 1806. Maisíodh Caisleán Bhaile Uí Shíoda (c. 1760), Baile Uí Shíoda, áit na mBlennerhassets, sa tslí chéanna, sa stíl Ghotach i 1816. Is dócha gurbh é Soir Richard Morrison a bhí freagrach as agus lean James Franklin Fuller (1835–1924) leis an obair ina dhiaidh sin c. 1880. Tógadh Caisleán na Fleisce (c. 1820), Drom Thiompair, mar fhoirgneamh Gotach Rómánsach agus cé go bhfuil sé ina fhothrach, tá dídean gairdín (c. 1820) ar cheann d'eilimintí na scéime a mhaireann. Tá an struchtúr ochtagánach caisealach, a tógadh de réir plean ar chomhaois leis an phríomhfhoirgneamh agus is amhlaidh a thugann sé an stíl Ghotach chun cuimhne seachas í a athchruthú.

Ní mór na tithe tábhachtacha tuaithe a bhí faoi sheilbh ag Caitlicigh sa réigiún, ach bhí mainistir Dhoire Fhíonáin (c. 1720), Doire Fhíonáin Mór, teach cónaithe Dhónaill Uí Chonaill (1836–1919), ar cheann acu. Cé go bhfuil mórán athchóirithe déanta air, tógadh an teach ar dtús go luath san ochtú haois déag. Mhéadaigh sé beagnach go horgánach de réir mar a cuireadh píosa i ndiaidh píosa leis. Mhéadaigh Dónall Ó Conaill ar Dhoire Fhíonáin sna 1820í trí fhorbhallaí sa stíl 'Éireannach' a chur leis. Sa bhliain 1844 dhear an tríú mac a bhí ag Dónall, an t-ailtire Seán Ó Conaill MP (n. d.), séipéal simplí i stíl na hAthbheochana Gotaí. Tá na fuinneoga bunaidh suaithinseacha ó na 1840í fós sa bhearna gheataí, Doire Fhíonáin Mór, a thugann blas Gotach den dearadh atá simplí seachas sin.

(f. 41)
CAISLEÁN BHAILE UÍ THAIDHG
Baile Uí Thaidhg
(c. 1758 agus 1806)

Tógadh an foirgneamh seo ar dtús mar theach Seoirseach i lár an ochtú haois déag. Agus cuireadh a thuilleadh leis don Choirnéal James Crosbie sa bhliain 1806 agus tugadh cuma Ghotach 'Rómánsach' dó.

Le caoinchead Chartlann Ailtireachta Éireann.

(f. 42)
CAISLEÁN BHAILE UÍ THAIDHG
Baile Uí Thaidhg

Fágadh ina fhothrach an caisleán i ndiaidh a dódh é le linn na dtrioblóidí i 1921. Ag deireadh an fichiú haois rinneadh ionaid chónaithe de na sciatháin ach coimeádadh an príomhbhloc mar ghréagán láir 'Rómánsach'.

An Naoú hAois Déag

**(f. 43)
CAISLEÁN AN DROMA MHÓIR
An Drom Mór
(1831–8)**

Tógadh an caisleán seo don Urramach Donnacha Ó Mathúna. Is sampla tipiciúil é den Ghotach-Sheoirseach a nasc siméadracht agus buntomhais Sheoirseacha le móitífeanna Gotacha. Tháinig an stíl seo roimh stíl na hAthbheochana Gotaí, a bhí níos cruinne ó thaobh na seandálaíochta de agus a d'úsáid an t-ailtire A.W.N. Pugin.

Athraíodh foirgnimh eile ó bhonn. Tógadh Caisleán An Droma Mhóir (1831–8), An Drom Mór, ar láthair a raibh foirgneamh níos sine uirthi agus ba é Soir Thomas Deane (1792–1870) a dhear é don Urramach Donnacha Ó Mathúna. Léirigh sé an coincheap rómánsúil a bhí ann maidir le caisleán meánaoiseach *(f. 43)*. Is é páirtnéir Deane, Benjamin Woodward (1816–61), a dhear an bhearna gheata ghaineamhchloiche (1848) agus cé go bhfuil sé deartha go dlúth tá cúpla gné ann — fuinneog oiriail, túr coirnéalach, áirse biorach iontrála agus forbhallaí — a thugann éifeacht dhrámatúil don fhoirgneamh. I gcodarsnacht leis sin, tá an chuma ar Theach Mhucrois (1839–43), Deiméin Mhucrois, a tógadh do H. A. Herbert, nach bhfuil sé chomh cosantach agus d'fhéadfaí a rá go bhfuil sé níos galánta *(f. 44)*. Luann Lewis (1837) gur leagadh teach níos sine agus go rabhthas chun é a atógáil i stíl a bheadh 'according more with the beauty of the grounds, and the numerous interesting objects in the immediate vicinity.' Tá an teach déanta as gaineamhchloch i stíl na hAthbheochana Eilísí agus is é an t-ailtire Albanach, William Burn (1789–1870), a dhear é. Tá a lán nithe mar chuid den teach a tharraingíonn aird: bánna a ghobann amach, fuinneoga oiriail agus beana

(f. 44)
TEACH MHUCROIS
Diméin Mhucrois
(1839–43)

Ceann de na dearaí is drámatúla i stíl na hAthbheochana Éilísí i gCiarraí é seo. Tá tóir ag turasóirí ar an teach seo a tógadh do H.A. Herbert MP, agus a bhfuil talamh álainn tírphictiúrtha timpeall air.

(f. 45)
TEACH GEATA,
Teach Mhucrois,
Carraig An Phréacháin
(c. 1860)

Cé gur minic tithe geata agus bearnaí geata a bheith beag a ndóthain, ba mhinic iad ag leanúint le choincheap ealaíonta an tí mhóir.

crochta, rudaí a thugann cuma phictiúrtha ar an áit. Níos déanaí dhear William Atkins (1812–87) porte cochère agus an teach geata. Tá saoirseacht an tí geata den chéad scoth (c. 1860), Carraig An Phréacháin, agus tagann se go deas le stíl an tí. Idir an teach geata, na cláracha binne maisithe agus na fuinneoga luaidhe tugtar réamhbhlas don úinéir agus don chuairteoir ar an phríomhfhoirgneamh lastigh de na geataí tosaigh *(f. 45)*. Cé go bhfuil dearadh Theach Woodford (c. 1840), Lios Uí Bhigín, traidisiúnta den chuid is mó, céiliúrann na gnéithe maisiúcháin stíl na hAthbheochana Gotaí, go háirithe a thréith fheidhmeach mhaisithe. B'fhéidir go maireann cuid d'ábhar ó theach a bhí ann sna 1770í i gcorp an tí seo. Tá sraith cláracha binne a bhfuil cuma lása uirthi, chomh maith le fuinneoga bioracha a bhfuil barraí Gotacha iontu agus ní hamháin sin ach tá póirse iontrála táibhleach agus fuinneog oiriail ar an taobh.

Chomh maith le bheith ag obair ar Dheiméin Mhucrois, bhí Atkins freagrach as teach níos lú ach díreach chomh tábhachtach, Teach Collis-Sandes (Teach Pháirc na Darach) (1857–60), Diméim Pháirc na Darach, Cillín *(f. 46)*. Tá tionchar John Ruskin (1819–1900) le feiceáil ar an teach sa tslí a mheascann sé dathanna an bhríce pholacróim agus na móitífeanna Venéiseacha. Tá Túr Ghleann Beithe (1867–71), Cill na mBreac Uachtarach, ar chomhaois leis an teach thuas, agus is é Edward William Godwin (1833–86) a dhear iad. Chuaigh sé thar fóir le cruinneas seandálaíochta, ag cur mothúchán agus carachtar mallaithe an túrthí mheánaoisigh *(f. 47–48)* in iúl. Bhí sé faoi mar a bheadh Goodwin, a raibh an-taithí aige ar dhearadh stáitse, ag iarraidh a fhantaisíocht dhrámatúil a thabhairt chun beatha san ailtireacht. Ón uair gur fothrach é an foirgneamh anois, ó scriosadh é sa bhliain 1922, tá sé níos fileata fós.

Chuir tithe geata agus foirgnimh bhreise eile go mór le carachtar ailtireachta éstáit, agus go minic ba iad seo na foirgnimh b'insroichte

(f. 46)
TEACH COLLIS-SANDES (TEACH PHÁIRC NA DARACH)
Diméin Pháirc Na Darach,
Cillín
(1857–60)

Tógadh do M.F. Sandes an teach agus tugadh Páirc na Darach ar dtús air. Is sampla neamhchoitianta é Teach Collis-Sandes den stíl Ghotach Veinéiseach i gContæ Chiarraí. Bhí sé in úsáid mar chlochar c. 1939.

(f. 47)
TÚIR GHLEANN BEITHE
Cill Na mBreac
Uachtarach
(1867–71)

Cuir síos pictiúrtha 'Rómánsach' de phróiséas tógála Thúir Ghleann Beithe atá anseo. Ceaptar gur luaithe an pictiúr ná an tógáil í féin ón uair nár críochnaíodh riamh an túr atá le feiceáil ar chlé.

Le caoinchead Chartlann Ailtireachta Éireann.

(f. 48)
TÚIR GHLEANN BEITHE
Cill Na mBreac
Uachtarach

Tógadh an túr seo mar struchtúr a bhí cruinn ceart ó thaobh na seandálaíochta de agus dódh é i 1922. Tugann na fothraigh atá fágtha, tréith pseudo-mheánaoiseach do Thúir Ghleann Beithe.

An Naoú hAois Déag

(f. 49)
LÓISTE NA DIANAÍ
Diméin Chill Airne
(1834)

Tá mórán ornáidíochta le sonrú ar Lóiste na Dianaí a tógadh sa stíl teachín ornée. Mar chuid den ornáideacht tá fuinneoga laitíse, obair ornáideach ar imeall an chinn tuí agus péire stoc simléir ard ochtagánach.

(f. 50)
TEACH REACHTAIRE EAGLAIS NA HÉIREANN
Teach Ghort An Aird, Sráid An Droichid, Lios Tuathail
(c. 1830)

Áras mór a tógadh do chléir Shéipéil Eaglais na hÉireann in aice láimhe é seo. Tá na fuinneoga bunaidh i stíl Wyatt ann go hurlár na talún agus véaránda a cuireadh isteach níos déanaí c. 1920.

(f. 51)
TEACH NA CILLE
Cill Gharraí An Lóndraigh,
An Chill
(c. 1725)

Teach feirme beag ar phlean siméadrach ó thús an ochtú haois déag é seo. Caomhnaítear gnéithe tábhachtacha bunaidh, ina measc, fuinneoga agus gleothálacha dorais. Tá réimse cróite iomláine ar thalamh an tí.

agus b'intlíochtaí a bhí ar an láthair. Fágtar a lán cé gur fothraigh anois iad. Bhíodar siúd ar estát Chill Airne an-mhaisithe; tá ceann tuí ar Lóiste na Dianaí (1834), Diméin Chill Airne, i stíl an teachín-ornée *(f. 49)*. Is féidir dearmad a dhéanamh go héasca ar stáblaí, chróite agus fhoirgnimh eile a bhaineann le héstáit ón tréimhse. Ba bhloc stáblaí é i dtús ama Teach Chill Airne (c. 1830), Diméin Chill Airne, a bhain le Teach Neidín atá leagtha le stáir. Scriosadh ag deireadh an naoú haois déag é. Athraíodh ó stáblaí go teach é Teach Chill Airne timpeall na bliana 1915 agus tá gnéithe áirithe ón tréimhse sin le feiceáil sa teach, ina measc, póirse iontrála i stíl na Banríona Áine. Tá colmlann níos sine (c. 1820), Diméin Chill Airne, fós ina seasamh.

Tá tithe beaga ann atá chomh suntasach céanna, is minic a mhair an chléir iontu nó eile feirmeoirí saibhre nó eile arís an mheánaicme a bhí ag dul ó neart go neart; baintear úsáid as a lán acu go fóill agus deir siad cuid mhór linn faoin am inar tógadh iad. Tá fuinneoga adhmaid Wyatt san IarTheach Reachtaire, Eaglais na hÉireann, i dTeach Ghort an Aird, Bóthar an Droichid, Lios Tuathail (c. 1830). Cuireadh véaránda leis sna 1920í agus is teach lóistín atá ann anois *(f. 50)*. Teach feirme dhá stór déanta as garbhshaoirseacht phéinteáilte is ea Teach Chúil Bheithe (c. 1830), Cúil Bheithe, an áit a rugadh An Marascal Machaire An Tiarna Kitchener (1850–1916), agus cé gur fothrach anois é tá na fuinneoga sais le frámaí adhmaid fós ann agus tá sé suite laistigh de ghrúpa beag foirgneamh feirme. Athchóiríodh Teach na Cille (c. 1725), Cill Gharraí an Lóndraigh, An Chill, timpeall na bliana 1850 agus tá na frámaí fuinneoige adhmaid fós ann ina n-iomláine *(f. 51)*.

(f. 52)
CLACHÁN
Muiríoch
(c. 1860)

Ba phobail bheaga fheirmeoireachta iad clacháin ar nós an ceann seo. Is léargas fíorthábhachtach iad na clacháin a mhaireann, ar oidhreacht dhúchasach an réigiúin.

(f. 53)
CLACHÁN
Muiríoch

Seo mionsonrú ar fhoirgneamh spallaí neamhrialta a bhí tipiciúil de mhórán foirgneamh dúcasach. I gcásanna áirithe bhí sé aol-lindi-reáilte nó nite, cé nach bhfuil mórán fianaise de seo ar an Muirígh.

Mhair formhór na ndaoine, áfach, i dtithe beaga, ceann tuí, aon stór. Tugtar dúchasach orthu seo — foirgneamh tógtha sa stíl traidisiúnta ag úsáid ábhar agus ceardaithe áitiúla. Faoi na 1840í, mhair os cionn leath an daonra i gcabáin phludaigh a raibh seomra amháin iontu, agus a bhí go minic gan fuinneog. Thug tráchtairí polaitíochta agus sóisialta suntas don chodarsnacht a bhí ann idir an bochtannas agus droch-choinníollacha maireachtála na cosmhuintire ar lámh amháin agus ailtireacht spraíúil na dtithe móra ar an lámh eile. Tréigeadh nó scriosadh mórán de na tithe seo i rith an Ghorta Mhóir agus an imirce a lean é. Leag tiarnaí talún iad nuair a d'fhág na tionóntaí, nó eile, lobh siad ar ais sa talamh as a ndearnadh iad.

Ar a shon sin, maireann giotaí de thithíocht dhúchasach ón naoú haois déag fós. Go ginearálta, ní mhaireann de na tithe beaga seo ach fothraigh, nó beanna aonaracha agus stoic shimléir. Fiú ansin, is iarsmaí iad na giotaí seo ó na teachíní a bhí ní ba láidre. Tá clachán (c. 1860) nó grúpa teachín spallaí, atá anois ina fhothrach, le fáil i Riasc; athchóiríodh ceann acu timpeall ar an bhliain 1940. Rinneadh aon teach amháin de theachíní áirithe i bhFeothanach (c. 1860) agus maireann a thuilleadh i bhfoirm chróite. Tá riocht níos fearr ar chlachán (c. 1860), más clachán é, ar an Muirígh cé go bhfuil an chuma ar an scéal go ndearnadh foirgnimh feirme de na teachíní éagsúla *(f. 52–53)*. I measc samplaí aonaracha eile ón tréimhse seo, tá teachín beag sclátaí (c. 1860), Bóithrín Uí Dhuineacha, Cill Airne. Tá fuinneoga ón sean-ré ann agus tá comhdhéanamh ar leith ag na ballaí ón taobh amuigh de bharr na mbrat aoldath atá orthu. Tá teach ceann tuí, aon stór le ceithre bhá i nDuílios (c. 1870) *(f. 54)*, agus ceann eile (c. 1870) in Ard Cuilinn. Tá fuinneoga bunaidh agus painéil a ndearnadh lindi-reáil orthu níos déanaí (c. 1935) ar éadán sráide theachín (c. 1890) ar Shráid an Chlochair, Lios Tuathail agus cuireann siad seo go mór le hornáidíocht an éadain.

(f. 54)
TEACH CEANN TUÍ
Duilios
(c. 1870)

Gnáth-theach fada íseal aon stór ceann tuí déanta as spallaí atá anseo. Ba í aidhm na mbearnaí beaga fuinneog ná an teas a choinneáil istigh.

(f. 55)
NA hACRAÍ
An Corrbhaile
(c. 1865)

Tá na hAcraí neamhghnáthach sa dóigh is go mbaintear úsáid as trí airde dín éagúil, tugann an díon ardaithe ag na bánna deiridh spás d'áiléir leath-dhormánta.

(f. 56)
NA hACRAÍ
An Corrbhaile

Seo mionsonrú ar obair théide ornáideach a úsáideadh chun an ceann tuí a dheisiú agus a choimeád ag leibhéal na sceimheal.

Baineadh úsáid as ábhar agus ceardaithe áitiúla i gcuid de na foirgnimh mhóra chomh maith. Is féidir dúchasach a thabhairt orthu seo freisin. Is teach substaintiúil sé bhá é Na hAcraí (c. 1865), An Corrbhaile, a bhfuil gné saghas neamhghnáthach aige — trí dhíon crochta ag leibheil dhifriúla *(f. 55–56)*. Tá díon sclátaí a bhfuil stoic shimléir lindircáilte os cionn gach binn ag teach dhá stór (c. 1875) i nDamhros *(f. 57)*. Tá lindéar adhmaid ag na fuinneoga adhmaid saise bunaidh thuas staighre ach níl aon bhonn orthu.

(f. 57)
TEACH
Damhros
(c. 1873)

Teach cuíosach beag a bhfuil an chuma air gur féintógtha seachas tógtha go proifisiúnta atá sé. Léiríonn an tsaoirseacht mhírialta é seo chomh maith le cruth agus riaradh na mbearnaí.

(f. 58)
DROICHEAD NA FORMAOILE
An Fhormaoil/
Cuid De Chlochán
(c. 1800)

Droichead coise téagartha cruiteach ón naoú haois déag é seo. Is gné álainn mhaorga é ar abhainn Ghleann na hUamha.

(f. 59)
DROICHEAD LIOS TUATHAIL
Lios Tuathail/
Baile Uí Ghabhlóg/
Baile Uí Ghrianáin
(1829)

Droichead galánta iláirse atá suntasach de bharr na húsáide a baineadh as ábhar maith tógála agus de bharr an dóigh ar coimeádadh na cuair ghalánta in aice leis na folúis rialta.

Sa naoú haois déag, tháinig feabhas mór ar chóras iompair agus cumarsáide ar fud Chiarraí, ar an bhóthar agus ar an ród. Cuireadh tús le seirbhís phoist rialta ag deireadh an ochtú aois déag agus sa bhliain 1812, tógadh bóthar do chóiste poist idir Corcaigh agus Trá Lí agus ceann eile idir Trá Lí agus Luimneach via Lios Tuathail. Tógadh a thuilleadh bóthar toisc mórán obair fhóirthinte a bheith ar bun ag an rialtas sna 1820í. D'fhorbair Sior Richard Griffith (1784–1878) cúpla bealach i gCiarraí Thuaidh, ina measc, an bóthar ó Oileán Chiarraí go dtí An Caisleán Nua, Contæ Luimní. Forbraíodh an bóthar 'Tollán' idir Neidín agus An Gleann Garbh go déanach sna 1830í. Toisc na bóithre a bheith feabhsaithe, caitheadh droichid nua a thógáil. Is sampla tipiciúil é Droichead na Formaoile (c. 1800), An Fhormaoil/Cuid den Chlochán, cé go ndéantar dearmad ar go minic. Tá sé déanta as spallaí agus tá trí áirse ceannchiorcalach agus corra uisce triantánacha le sonrú air *(f. 58)*. Tá cúig áirse ag Droichead Lios Tuathail (1829), Lios Tuathail/Baile Gabhlóige/Baile Ghrianáin, atá níos mó, níos galánta agus déanta as aolchloch eisléire *(f. 59)*. Riaraigh Griffith tógáil Sheandroichead Neidín (c. 1833) chomh maith. Ba cheann de na chéad tógálacha iarann saoirsithe in Éirinn é go dtí gur cuireadh ceann eile ina áit idir na blianta 1932–33. Trasnaíonn an droichead mór ocht n-áirse, Droichead Chill Orglan (1885), Cill Orglan, Abhainn na Leamhna.

Tháinig athrú mó radacach ar an chóras iompair in Éirinn le teacht na seirbhíse iarnóid, rud a chiallaigh go raibh deis ag i bhfad níos mó turasóirí dul go Ciarraí ná mar a bhí roimhe seo. Faoi 1859 bhí líne iarnróid ag feidhmiú idir Mala agus Trá Lí agus críochnaíodh an líne idir Luimneach agus Trá Lí maraon le folínte eile faoi 1883. Bhí gá le héachtaí móra innealtóireachta a chur i gcrích i dtógáil na mbóithre iarainn: claiseanna, clathacha agus tarbhealaí. Bhí tarbhealach na Leamhna (1885), Cill Orglan, tarbhealach suntasach cúig réise, in úsáid go dtí gur dhún an líne i 1960; athchóiríodh agus athosclaíodh mar dhroichead coise é i 1993. Tá meascán d'aolchloch agus d'iarann teilgthe ann, rud a léiríonn na scileanna tráidisiúnta agus tionsclaíochta a bhí ag teastáil do thógraí dá leithéid. Is tarbhealach aon réise dhéag, bosca-chearchaille, ar phlean cuartha é Tarbhealach Ghleann Ghlinsce (c. 1890), Glinsce, ar líne Chathair Saidhbhín *(f. 60–61)*, a bhfuil piolóin láidre bharrchaolacha ghaineamhchloiche ag tacú leis. Is tarbhealach laitís-chearchaille seacht n-áirse é Tarbhealach An Ghóilín (1893), An Clochán Laighneacháin/ Cathair Saidhbhín; dúnadh é seo chomh maith i 1960. Ba í líne Lartigue, idir Lios Tuathail agus Baile an Bhuinneánaigh, an t-aon líne aonráilleach in Éirinn. Ba é Charles Francois Marie-Therese Lartigue a dhear (1837–1907) agus d'fheidhmigh sí idir 1888 agus 1924, agus cé go raibh sí pas beag anásta ba scéim shuntasach don ré í.

(f. 60)
TARBHEALACH GHLEANN GHLINSCE
Glinsce
(c. 1890)

Tógadh é mar chuid den líne a cuireadh le Iarnród an Deiscirt Mhóir agus an Iarthair (GSW) ó Chill Orglan go Dairbhre. Ba é an t-innealtóir A.D. Price a dhear agus an tógálaí T.K. Falkiner a thóg.

Le caoinchead Leabharlann Náisiúnta na hÉireann.

(f. 61)
TARBHEALACH GHLEANN GHLINSCE
Glinsce

Dúnadh Tarbhealach Ghleann Glisc i mí Feabhra na bliana 1960. Ar a shon sin, is gné mhaorga den tírdhreach máguaird iad na piaraí barrchaolacha gaineamhchloiche agus cuar leathan an bhóthair iarainn.

(f. 62)
STÁISIÚN TRÆNACH CHAISLEÁN GHRIAGHAIRE
Martramáin
(c. 1890)

Is é seo ceann de na stáisiúin trænach is lú i gContæ Chiarraí, tá an foirgneamh seo suntasach toisc an úsáid a bhaineann sé as iarann roctha.

Tá staisiúin iarnróid éagsúla le fáil i gCiarraí idir stíl shimplí an staisiúin iarainn rochta i gCaisleán Ghriaghaire (c. 1890), Martramáin *(f. 62)*, agus an grúpa foirgneamh aolchloiche sa Ráth Mhór (1855), Sionnach, An Ráth Mhór. Maireann an bothán comharthaí, teachíní iarnróid, agus an droichead coise iarainn teilgthe *(f. 63)* sa Ráth Mhór. Baineann siad ar fad leis na 1850í, agus ba ghnéithe coitianta agus suaithinseacha iad i staisiúin ar fud na hÉireann. Tá clú faoi leith ar Staisiún Treanach Chill Airne (1853), Bóthar na hAscaille Thoir, Cill Airne, de bharr an tóir a bhí ag turasóirí air *(f. 64)*. Tá sé déanta as aolchloch agus tá teach mháistir staisiúin ó 1860 i gcorp an fhoirgnimh. Tá an staisiún tógtha, le píosa eile a cuireadh leis níos moille ar aghaidh, i stíl an tí mhóir Phallaidigh ón ochtú haois déag, a bhfuil sciatháin chliathánacha thart ar bhloc trí bhá ann. Tá líon foirgneamh breise comhaimseartha bainteach leis an láthair faoi mar atá sa Ráth Mhór, mar shampla; túr a úsáideadh fá choinne uisce b'fhéidir agus bothán comharthaí, a théann siar chomh fada le 1855.

(f. 63)
DROICHEAD COISE
An Ráth Mhór
(1855)

Is samplaí maithe iad an struchtúr iarainn teilgthe agus an obair laitíse iarainn saoirsithe maisithe sa Ráth Mhór, den chodarsnacht idir an innealtóireacht theicniúil agus buanna an dearaidh ealaíonta.

(f. 64)
STÁISIÚN TRÆNACH CHILL AIRNE
Bóthar Na hAscaille Thoir,
Cill Airne
(1853)

Sampla d'úsáid na stíle Clasaicí i bhfoirgnimh phoiblí, tugann an leagan amach foirmle an 'Villa Eacnamaíochta' chun cuimhne faoi mar a chuir Andrea Palladio chun cinn í. Cuireadh an póirse adhmaid atá ag gobadh amach agus atá ar chlé sa phictiúr leis c. 1890.

Spreag an greasán iarnróid forbairt ar óstáin mhóra iarnróid, a bhí faoi stiúir na gcomhlachtaí iarnróid iad féin. Tháinig ostáin phríobháideacha, a bhí giota níos lú, chun cinn sna ceantair timpeall na staisiún, go háirithe in ionaid saoire mar Bhaile an Bhuinneánaigh. Cé gur tógadh cuid acu cionn is na staisiún trænach a bheith ann, ba thithe teaghlaigh iad an chuid eile a athraíodh agus a ndearnadh óstáin astu. Bhí 'The Railway Hotel' (c. 1870), An tSráid Mhór, Baile an Bhuinneánaigh, arbh anois an 'Railway Bar' é, ar cheann de na hóstáin bheaga thipiciúla a bhí ann. Bhunaigh Comhlacht Iarnród an Deiscirt Mhóir agus an Iarthair (GSW) cúpla óstán beag, atá ag feidhmiú mar óstáin go fóill, go háirithe trí óstán an 'Great Southern' i gCill Airne, Neidín, agus Páirc na Saileach. Is sa stíl nua-Chlasaiceach atá óstán an 'Great Southern' i gCill Airne (1854), An Ascaill Thoir, Cill Airne, a oireann go mór don staisiún trænach *(f. 65–66)*. Cé gur cuireadh isteach ar an chothromaíocht Chlasaiceach, tá luathfhuinneoga ann fós agus tá maisiú an taobh istigh galánta, má tá sé athraithe go mór.

Dhear an t-ailtire James Franklin Fuller (1835–1924) Ostán an 'Great Southern' i bPáirc na Saileach (c. 1890), Doire Coinche, i stíl Bharúnach Albanach. Thuig an ghlúin a chuaigh roimhe an fhéidearthacht shiamsaíochta a bhí ag an láthair; seasann an t-óstán ar thalamh Chaisleán Dhoire Coinche (c. 1840), Diméin Dhoire Coinche, iar-theach seilge theaghlach Blands atá beagnach scriosta anois. Bhí Fuller freagrach, chomh maith, as ostán an 'Great Southern' Neidín (c. 1895), Sráid Shoil Bhroin, Neidín, a dearadh i stíl ghéar na hAthbheochan Túdaraí. 'An Park Hotel' a thugtar anois air agus seasann sé ar láthair ard ag féachaint anuas ar Bhá Neidín. Oireann a loime don tírdhreach drámatúil. Gan dabht, tá athruithe móra déanta air, ach fós féin tá mionmhaisiúcháin bhunaidh áirithe ann, go háirithe na fuinneoga a bhfuil gloine shuntasach ionta, agus an staighre iontach atá sa halla.

(f. 66)
OSTÁN AN 'GREAT SOUTHERN' CILL AIRNE
An Ascaill Thoir,
Cill Airne

Athraíodh cuid mhór d'ostán an 'Great Southern' i gCill Airne ón taobh istigh chun é a chur in oiriúint de riachtanais nua-aimseartha ach mar sin féin tá pláistéireacht an-ornáideach fós le feiceáil ann.

(f. 65)
OSTÁN AN 'GREAT SOUTHERN' CILL AIRNE
An Ascalll Thoir,
Cill Airne
(1854)

Thóg Comhlacht Iarnród an Deiscirt agus an Iarthair an t-óstán seo chomh maith leis na hóstáin chéanna i Neidín agus i bPáirc na Saileach. Seirbhís ab ea na hóstain a cuireadh ar fáil go speisialta chun turasóirí a mbeadh lóistín agus dídean uathu a mhealladh.

(f. 67)
STÁISIÚN NA nGÁRDAÍ CÓSTA
An Sponcán,
An Choireán
(1899)

Tógadh stáisiún na nGardaí Cósta sa Choireán i stíl srianta Ghotach chun súil a choimeád ar agus stop a chur le smuigleáil ar chósta Chiarraí.

Ní raibh sna bóithre agus sna hiarnróid ach dhá cheann de na heilimintí a thug an domhan mór go Ciarraí sa naoú haois déag. Bhí ról chomh maith ag dul chun cinn teicneolaíochta an teileagraif, agus de réir a chéile, an teileafóin. De bharr suíomh tíreolaíochta Chiarraí, faoi mar a bhí sé ar imeall na hEorpa, cuireadh an chéad chábla trasatlantach ón Chois, Dairbhre, go Talamh an Éisc i 1857–8. D'fhan an Stáisiún Cábla in úsáid ar feadh níos mó ná céad bliain go dtí gur dúnadh é sa bhliain 1966. Tá an foirgneamh aon bhá dhéag ann go fóill, beagnach ina iomláine. Bhí éifeacht dhrámatúil ag an ceangal cábla ar chumarsáide idir Meiriceá Thuaidh agus An Eoraip, agus bhí tionchar an-mhór aige ar gheilleagar na háite. Ghríosaigh sé tógáil réimse tithíochta agus tógáil foirgneamh breise don fhoireann chúnta, d'innealtóirí agus d'oibrithe cábla. Maireann na foirgnimh den chuid is mó, a thóg an Comhlacht Teileagraf Angla-Mheiriceánach, agus is fínnéithe iad ar scála agus ar aidhmeanna thógra an chábla teileagraif. Tá mórán de na sraitheanna tithe neamhscoite faoi mar a bhí, ach rinneadh athchóiriú ar chuid acu. Tá Ardán an Nua-Chábla (New Cable Terrace) (1860) agus Ardán an Chábla (Cable Terrace) (1860) substaintiúil go leor i gcomparáid leis an nós tógála a bhí ann ag an am. Is tithe dhá stór iad agus tá cúig bhá an ceann acu. Chaomhnaigh siad mórán de na doirse agus na fuinneoga bunaidh agus léiríonn na tithe in Ardán an Nua-Chábla forbairt a bhí ar scála neamhghnáthach d'oileán tamallín ón chósta. Is ó dheireadh an chéid a thagann Ardán an Choimeádaí Solais (Lightkeeper's Terrace) (c. 1901) agus faoi mar a thuigfeá ón ainm ba thithíocht thacaíochta a bhí ann do Theach Solais Dhairbhre. Feictear mionmhaisiúcháin bhunaidh i gcuid de na tithe agus úsáideach scláta Dhairbhre iontu atá le fáil go háitiúil. Maireann méid áirithe foirgneamh gnó ón tréimhse seo chomh maith. Tá façade ornáideach lindireáilte agus fuinneoga bunaidh ag an teach tábhairne 'The Dwelling House', An Chois (1888), agus tugann an 'Clock Tower' (c. 1880) ar An Ché Ríoga (Royal Pier) cuma shofaisticiúil uirbeach don áit thuaithe ina bhfuil sé suite. Ba theach meáite ar dtús é, leagtha amach ar phlean cearnógach. Tacaíonn an díon pirimidiúil leis an chlog ar a ndearnadh athchóiriú sa bhliain 1990. Tá dhá stáisiún cábla eile i gCiarraí, ceann sa Choireán (1870), Sponcán, agus an ceann eile in aice le Baile an Sceilg.

Bunaíodh na Gardaí Cósta sa bhliain 1822 chun iarracht a dhéanamh dul i ngleic leis an smuigleáil a bhí ar siúl go forleathan i rith an ochtú haois déag. Tá iarstáisiún gardaí cósta (1899) i Sponcán, An Coireán *(f. 67)*. Níos déanaí, úsáideach an foirgneamh gaineamhchloiche seo mar bhrú, agus tá pleananna ann arasáin a dhéanamh de. Rinneadh brú óige den stáisiún gardaí cósta mór i

(f. 68)
TEACH STÓIR
Béal Átha Longfoirt
(c. 1850)

Tá an seans ann gur tógadh an sampla seo ar dtús mar mhuileann. Is ceann de ghrúpa teach stór spallaí é atá ar bhruach na habhann ag Béal Átha Longfoirt. Tá fianaise againn i bhfoirm na mbearnaí fuinneog beag a choiméadfadh an t-aer breá tirim.

nDairbhre (c. 1925) le déanaí. Bhí sé ina fhothrach ó na 1920í. Maireann samplaí de shraith thithe gardaí cósta neamhscoite, dhá bhá agus dhá stór ó na 1880í agus mórán de na gnéithe bunaidh fós iontu.

Níl mórán fianaise againn de thionscail an naoú aois déag. Seasann cúpla teach stóir agus tá tagairtí ann, chomh maith, de mhuilte sna leabhair mhuilte atá fós againn agus i Luacháil Uí Ghríffín 1857. I measc na muilte a bhí i gceist, bhí muilte arbhair agus plúir, muilte fonsa chun feabhas a chur ar olann, agus foirgnimh bhreise cosúil le stóir. B'fhéidir gur muileann a bhí sa teach stóir mór (c. 1850) i mBéal Átha Longfoirt, ar bhruach Abhainn Bhaile Uí Fhloinn *(f. 68)*. Déanta as spallaí péinteáilte atá sé agus díon gabhaléadain déchrochta air; maireann na bearnaí a bhfuil frámaí adhmaid orthu agus ar a bhfuil soilse dín le hiarann teilgthe timpeall orthu. Tá façade eisléire agus forscáth starrmhaidithe beannach atá ag crochadh ag teach stóir eile (c. 1860) i mBéal Átha Longfoirt. Chaomhnaigh teach stóir Uí Dhonncha, Cill Orglan (c. 1870) cuid de na fuinneoga bunaidh saise agus frámaí dorais; rinneadh bácús de sa bhliain 1937.

Tá fáil ar oidhreacht ilghnéitheach ón naoú haois déag chomh maith, mar shampla, pábháil shráide bhunaidh agus leachtanna ag comóradh gaiscí daoine tábhachtacha. Tá bonn aolchloiche claiseach (1825), a bhfuil órnáid bhuaice cruinn ar a bharr, mar mhaisiúchán ar An Phríomhshráid, Oileán Chiarraí *(f. 69)*. B'fhéidir gur tógadh an túr mór Túr na hEisce (1847) ar An Cheathrú, An Daingean mar Scéim Fhóirithinte an Ghorta; tá sé déanta as cloch thirim chun go mbeadh cuma an leachta réamhstairiúil air agus tá sé fós i staid mhaith *(f. 70)*. Is Crois Cheilteach an-órnáideach é an Scairdeán Uisce Cuimhneacháin De Buitléir (1887) sa Choireán. Tógadh an Scairdeán Uisce Cuimhneacháin Talbot-Crosbie (1901), Ard Fhearta ag tús an chéid nua chun comóradh a dhéanamh ar Leifteanant Colonel Talbot-Crosbie, a chur soláthar uisce ar fáil sa bhaile. Tá gontacht mhíleata ag baint lena stíl shimplí agus tá tionchar na hAthbheochana Rómhánúil-Ibeirní le brath air chomh maith cé gur minicí a luaitear an stíl seo le hailtireacht eaglasta agus le leachtanna reilge. Anois is arís tháinig píosaí de phábháil shráide slán ón scriosadh. D'fhéadfaí a rá gur teacht slán neamhghnáthach atá sa Trasnú Bóthair, a bhfuil pábháil aolchloiche thart ar ghiotaí duirleoige (c. 1850), ar Bóthar na Cuntaoise, Cill Airne.

(f. 69)
BONN
An Phríomhshráid,
Oileán Chiarraí
(1825)

Tá tábhacht mhór ealaíonta ag baint leis an bhonn aolchloiche snoite seo agus é lonnaithe ar láthair lárnach fheiceálach. Is féidir suntas a dhéanamh den chaidéal uisce c. 1880, mar gur luathshampla de throscán sráide é.

(f. 70)
TÚR NA hEISCE
An Cheathrú,
An Daingean
(1847)

Is túr é seo atá suite go feiceálach ar bharr cnoic agus radharc uaidh ar an Aigéan Atlantach agus atá déanta as cloch thirim thraidisiúnta. Ní raibh aon ghá le moirtéal nuair a úsáideadh an saghas seo cloiche.

An Naoú hAois Déag

An Fichiú hAois

Bhí gá le dílárú rialtais le teacht an fichiú haois. Tharla sé, i ndiaidh Acht Talún Wyndham sa bhliain 1903, gur tugadh 317,000 éigin seilbh bheag d'úinéirí tuathánacha. Tháinig an cogadh cathartha crualach (1922–3) i ndiaidh Chogadh na Saoirse. Bhí éifeacht nach beag ag na himeachtaí seo ar ailtireacht Chiarraí agus ailtireacht na tíre go ginearálta. Ionsaíodh institiúidí an airm agus na bPóilíní, agus áiteanna eile rialtais, mar thoradh ar fheachtais mhíleata agus pholaitíochta. Ionsaíodh beairic Ghort an tSléibhe i 1918 agus ní fada ina dhiaidh sin gur ionsaíodh na beairicí in Abhainn an Scáil, Baile an Fheirtéaraigh, An Cam, Caisleán Ghriaghaire agus An Clochán agus milleadh ar fad iad. Tháinig claochlú ar an bhunús eacnamaíochta a raibh na heastáit mhóra ag brath air. Rinneadh ionsaí ar chúpla teach mór tuaithe, ina measc, Teach Stoughton (n. d.), Baile Uí Odharagáin, in aice le Ráth Tuaidh. Leagadh mórán eile nó fágadh ina bhfothracha iad, mar a tharla i gcás Chaisleán Bhaile Uí Thaidhg (1758 agus 1809), Baile Uí Thaidhg, agus Coill Mhaonaigh (n. d.), in aice le Lios Tuathail, milleadh an dá cheann ansin sa bhliain 1921.

(f. 71)
19 AN CHEARNÓG
Lios Tuathail
(c. 1910)

Is léiriú iad seo a leanas ar an ardchaighdeán a bhí ag ornáidíocht lindireáilte Lios Tuathail: an cás dorais ornáideach, na fordhoirse, an clár sciorta lárbhalla agus an choirnis.

De bharr Chogadh na Saoirse tháinig maolú teoranta ar thionchar stíleanna Shasana ar ailtireacht na hÉireann, teoranta sa dóigh is gur ordaíodh ailtirí Sasanacha i dtógáil foirgneamh áirithe go fóill. De bharr na hAthbheochana Ceiltí, áfach, thosaigh ailtirí ag féachaint i dtreo na hailtireachta dúchasaí fá choinne inspioráide ag deireadh an naoú haois déag. Ní hamháin gur léirigh an ghluaiseacht seo tuiscintí náisiúnta an neamhspleáchais ach léirigh sé chomh maith spiorad ghluaiseacht na nEalaíne agus na gceardanna a bhí ag borradh i Sasana. Ba í an phláistéireacht ornáideach ar éadain thithe tábhairne i gCiarraí Thuaidh ceann de na samplaí is fearr agus is clúite den stíl seo i gCiarraí, go háirithe i Lios Tuathail. Is é an sampla is mó clú agus cáil ná an 'Maid of Erin' a mhaisíonn éadan an 'Central Hotel' (c. 1920), 12 An Phríomh Shráid, Lios Tuathail. Is é Pat Mac Amhlaoibh (1846–1921), a rinne an rilíf, tógálaí áitiúil a chuir suim san obair rilífe agus a bhfuil a chuid oibre le feiceáil ar fhoirgnimh eile sa bhaile. Ba theach príobháideach ar dtús é 'The Harp and Lion' (c. 1840) ar cuireadh éadan theach tábhairne lindireáilte air, chomh maith le móitíf an tsuaitheantais agus na cláirsí sa bhliain 1915. Tá gné chíréibeach ag samplaí den stíl a thagann ina dhiaidh seo, nach bhfuil tipiciúil d'ailtireacht na hÉireann ar chor ar bith. Tá samplaí dá leithéid le feiceáil i 60 Sráid Liam/Sráid an Phiarsaigh (1925), agus 'Liam Dillon's' (1935), 62 Sráid Ághas, Lios Tuathail. Saibhríodh éadan agus binn 19 An Chearnóg (c. 1910), Lios Tuathail le gnéithe lindireáilte *(f. 71)*. Cuireadh éadan an tí tábhairne 'Ó Coileáin' (c. 1860), Baile Uí Mhacasa, Béal Átha Longfoirt *(f. 72–73)* a bhfuil piléir bhalla agus bracanna scrolla air sna 1920í.

(f. 72)
Ó COILEÁIN
Baile Uí Mhacasa,
Béal Átha Longfoirt
(c. 1860 agus c. 1920)

Tógadh an foirgneamh seo ar dtús mar theach cónaithe ach rinneadh méid áirithe athchóirithe ar urlár na talún ag tús an fichiú haois chun é a chur in oiriúint d'úsáid ghnó.

(f. 73)
Ó COILEÁIN
Baile Uí Mhacasa,
Béal Átha Longfoirt

Cé go bhfuil sé imithe i léig go mór is sampla maith fós é éadan adhmaid Uí Choileáin do struchtúr a bhain úsáid as móitífeanna clasaiceacha na bpiléar, an fhríosa agus na coirnise.

(f. 74)
HALLA CUIMHNEACHÁIN TOMÁS ÁGHAS
Stráid Ághas,
Trá Lí
(1924–8)

Is é seo ceann de na céad tionscnaimh tógála poiblí a rinneadh i gContæ Chiarraí i ndiaidh Chogadh na Saoirse. Is struchtúr maorga siméadrach sa stíl Chlasaiceach é agus tá sé déanta de bhrící dearga. Is sa halla seo atá Iarsmalann Chiarraí lonnaithe.

(f. 75)
AN TIG GÆLACH
An Phríomh Shráid,
Cathair Saidhbhín
(1924)

Foirgneamh a tógadh i stíl na Banríona Áine é seo. Tá boghfhuinneog thaispeántais neamhghnáthach mar chuid d'éadan an tsiopa agus in airde staighre tá fuinneoga bosca oiriail agus slatbhalla maisithe.

Ag tús an chéid mhaoinigh an móruasal cruach Andrew Carnegie (1835–1919) cuid mhór leabharlann i mórán tíortha ar fud an domhain, Éire san áireamh. Tá dhá shampla le fáil i gCiarraí i gCathair Saidhbhín (1910), agus ar Shráid Ághas Uachtarach, Lios Tuathail (1916), a dhear Rudolf Maximiallan Butler (1872–1943). Cuireann an Leabharlann i gCathair Saidhbhín stíl Athbheochan na Banríona Áine in iúl. Ba stíl í seo a bhí an-soiléir sna leabharlanna Carnegie, a raibh na stoic shimléir agus sceimheal ag gobadh amach orthu, agus díon déchrochta air chomh maith, a chuirfeadh Teach Kenmare ón ochtú haois déag ach ar scála níos lú, i gcuimhne duit. Cé go bhfuil an toirt chéanna agus na feanléis bhunaidh sa leabharlann go fóill athraíodh an rún a bhí ag Butler ar dtús ama mar gheall gur baineadh amach an stoc simléir agus gur cuireadh isteach na fuinneoga nua i 1990. Feictear tuiscint chathartha i leabhlarlanna Carnegie a léiríonn an méadú a tháinig ar chumhacht na n-údarás áitiúil agus uirbeach ag tús an chéid. Is é Halla Cuimhneacháin Thomáis Ághas (1924–8), Trá Lí, an sampla is fearr atá againn den nóisean seo *(f. 74)*. Ba mar oifigí údaráis áitiúla a tógadh an foirgneamh gaineamhchloiche seo a sheasann os comhair chroí an bhaile, agus is sampla den scoth é d'aidhmeanna uaillmhianacha an rialtais áitiúil sa stát nua neamhspleách.

Chítear stíl na Banríona Áine, leis an mheascán de bhrící dearga agus de shaoirseacht chloiche sa Bhanc-Aontas Éireann (c. 1910), 38 An Chearnóg, Lios Tuathail. Úsáideach an stíl chéanna i dtógáil An Tig Gælach (1924), An Phríomh Shráid, Cathair Saidhbhín *(f. 75)*. Tá boghfuinneog agus méid áirithe nithe ailtireachta sa teach tábhairne trí bhá, trí stór neamhscoite. I measc na nithe seo tá: fuinneog oiriail, slatbhalla balastráide agus piléir bhalla ionach. Tá piléir sa stíl Chlasaiceach agus bracóga ornáideacha ar éadan 'D. J. Flavin's' (1925), 30 Sráid Ághas, Lios Tuathail. I 1922, dódh an foirgneamh a bhí ar láthair an tí tábhairne.

(f. 76)
SÉIPÉAL CAITLICEACH GHINIÚINT MHUIRE GAN SMÁL
Corra
(1957)

Tógadh an séipéal seo níos luaithe ná Comhairle Vatacáin a Dó agus bhain sé úsáid as plean traidisiúnta a bhí comónta sa chéad roimhe sin. Ach tá cuma Nua-Bhiosántach ar an taobh amuigh.

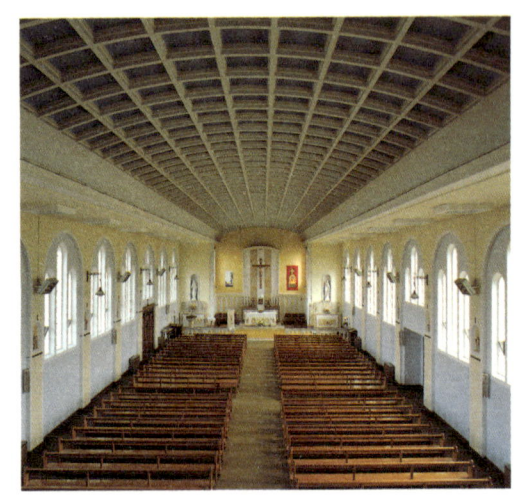

(f. 77)
SÉIPÉAL CAITLICEACH GHINIÚINT MHUIRE GAN SMÁL
Corra

Tá díon éadomhain boghta cruinn ar an séipéal atá an-ard ar an taobh istigh. Cé gur tógadh é ag úsáid teicníocht thógála nua-aimseartha tá síleáil Clasaiceach ann a bhfuil painéil bháite uirthi.

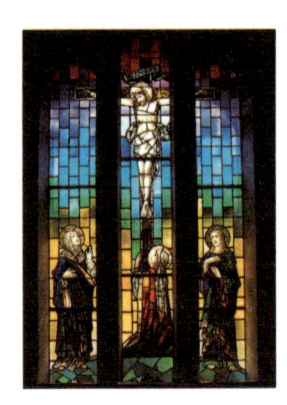

(f. 78)
SÉIPÉAL CAITLICEACH GHINIÚINT MHUIRE GAN SMÁL
Corra

Ba chuid thábhachtach d'oidhreacht ailtireachta Chiarraí í úsáid gnéithe ealaíonta sa fichiú haois.

Leanadh le tógáil séipéal na hEaglaise Caitlicí sa fichiú haois déag, cé go dtáinig maolú áirithe uirthi. Cuireadh píosaí le séipéil a bhí ann cheana agus is é an sampla is fearr de seo ná Ardeaglais Naomh Muire, Plás na hArdeaglaise, Cill Airne, ar méadaíodh ó chúig bhá go seacht mbá é agus ar atógadh an façade thiar; cuireadh spuaic leis sa bhliain 1900 a dhear an t-ailtire Ashlin. Go luath sna 1970í rinneadh athchóiriú conspóideach ar an ardeaglais, faoi stiúir an Easpaig Eamonn Ó Cathasaigh. Níor chloídh le bunchoincheap ailtireachta na hEaglaise ach tugadh cuma uirthi a luíonn isteach go mór le stíl na 1970í. Déanadh athruithe inmheánacha ar go leór séipéal eile ó na 1960í i leith chun freastal ar leasuithe liotúirge agus moltaí a bhí i gComhairle Vatacáin a Dó (1962–5), mar thoradh ar sin tá séipéil nua tógtha i stíleanna éagsúla ailtireachta. Dhear Patrick J. Sheahan (n. d.) Séipéal Caitliceach Ghiniúint Mhuire gan Smál (1957), Corra, i stíl an Nua-Byzantine *(f. 76–78)*. I gcodarsnacht leis sin, tógadh Séipéal Caitliceach Corpus Christi (1963), Caolad, Cnoc an Iúir, i spiorad an athruithe agus seasann sé mar an briseadh is radacaí ó ghnáthailtireacht eaglasta na hÉireann *(f. 79)*. Dhear an t-ailtire Michæl Scott (1905–89) an séipéal seo sa stíl Nua-Idirnáisiúnta. Baineann sé úsáid mhór as coincréit, cruach agus gloine agus obair órnáideach an dealbhóra Oisín Kelly (1915–81). Is sampla eile den genre é Séipéal Caitliceach Naomh Breandán (1968), Móinteán an Ghé, Mainistir Uí Dhorna, a dhear Dan J. Kennedy (n. d.). Is séipéal ciorcalach a bhfuil díon cónach air Séipéal Cailtliceach na hAiséirí (1993), Cill Airne, a dhear an comhlacht ailtireachta, 'O'Sullivan and Campbell's'. Tá cruth simplí ar an taobh amuigh a chuirfeadh Cathair na Stéige i gcuimhne duit.

(f. 79)
SÉIPÉAL CAITLICEACH CORPUS CHRISTI
Caolad,
Cnoc An Iúir
(1963)

Tógadh an séipéal seo díreach i ndiaidh Chomhairle Vatacáin a Dó. Tháinig an t-ailtire Michæl Scott i dtír ar an cheadú nua maidir le stíleanna nua-aimseartha i dtógáil séipéal. Is mór an chodarsnacht atá idir an toradh gonta seo agus tréith ornáideach na séipéal Gotach sa naoú haois déag.

(f. 80)
EAGLAIS MHEITIDISEACH
'The Hahah',
Cill Airne
(c. 1910)

A fhad is a bhí an Eaglais Chaitliceach ag glacadh stíleanna nua tógála uirthi féin d'fhán creidimh eile ag tarraingt as foinsí traidisiúnta a bunaíodh cúpla céad roimhe sin.

De réir mar a bhí struchtúir shóisialta agus nósanna reiligiúin ag athrú is beag spreagadh a bhí ann séipéil nua a thógáil do chreidimh eile. Ina áit sin, is amhlaidh a bhí sé ag éirí níos deacra ar go leor pobal aire a thabhairt do na foirgnimh a bhí ina seilbh cheanna féin. Is cás eiseachtúil é an eaglais Mheitidiseach, 'The Hahah', Cill Airne (c. 1910) a tógadh i stíl na hAthbheochana Gotaí agus a dhear George F. Beckett (1877–1961) *(f. 80)*. Is macalla iad ar laghad an scála na mionmhaisiúcháin shnoite agus na cróite snáthaide. Más ea, tá spuaic pholagánach ag síneadh ó thuirín coirnéil. Is ón tréimhse chéanna an bhearna gheata álainn agus na piaraí claisithe.

Lean úsáid cheannródaíochta na coincréite a thosaigh i gCiarraí go déanach sa naoú haois déag ar aghaidh sa fichiú haois. Sna blianta 1932–33 maíodh go raibh Seandroichead Neidín (c. 1833) míshábháilte agus cinneadh ar struchtúr déanta as coincréit threisithe a chur ina áit. Tugadh an conradh do A.E. Farr Contractors, Londain agus tógadh é ionas go mbeadh eilimintí ón seanstruchtúr i gcorp an droichid nua. Ag an am, ba cheann de na droichid choincréite ba mhó in Éirinn agus sa Bhreatain é agus is sampla breá fós é dá leithéid *(f. 81)*.

Cé go raibh Ciarraí mar chuid de ghluaiseachtaí agus faisin ailtireachta a tháinig chun cinn ar fud na hÉireann, tá méid áirithe leachtanna agus foirgneamh suaithinseacha a chothaíonn féiniúlacht réigiúnach. Tá tréith na hailtireachta le sonrú i gcuid de dhealbhóireacht mhór phoiblí, go háirithe The Way the Fairies Went (1990), Droimne Beag, An tSnaidhm, a dhealbhaigh an dealbhóir James Scanlon le cabhair ó shaoir chloiche áitiúla *(f. 82)*. Ceithre struchtúr spallaí atá ann — trí cinn pirimidiúil agus ceann amháin cónach. Tógadh é le cloch thirim agus cumascann sé go cúramach leis an tírdhreach máguaird. Sa tslí seo tá sé cosúil leis an tseanailtireacht a fheictear i láithreacha seandálaíochta áirithe i gCiarraí, go háirithe Cathair na Stéige agus Séipéilín Ghallaruis.

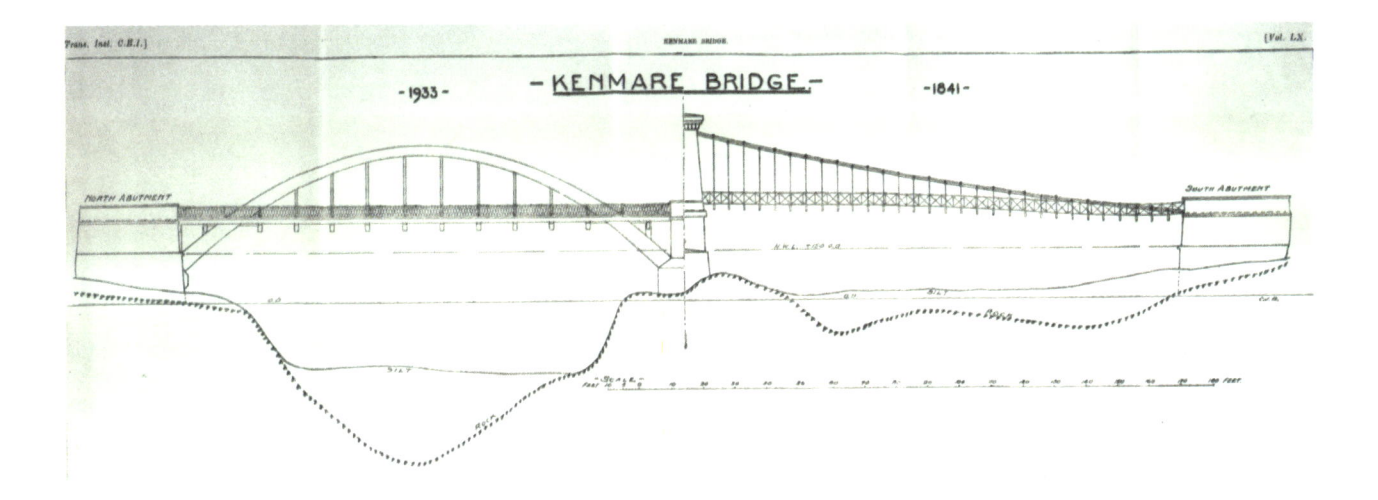

(f. 81)
DROICHEAD NEIDÍN
Neidín

Seo plean a chuireann droichead beartaithe Neidín le hais an droichid chrochta iarainn a thiocfadh ina áit. Is iad Mouchel and Partners, innealtóirí ó Londain a dhear an struchtúr croincréite treisithe.

Le caoinchead Chartlann Ailtireachta Éireann.

(f. 82)
THE WAY THE FAIRIES WENT
An Droimne Beag, An tSnaidhm
(1990)

Díreach ar nós túr na hEisce tá an grúpa dealbh seo déanta as cloch thirim, rud a thugann cuma shioraí dó, a oireann go deas don tírdhreach máguaird.

Críoch

Ní thugann an cur síos, atá le fáil i mbrollach na tuairisce seo, ar lámhdhéantúsáin, ar fhoirgnimh agus ar struchtúir éagsúla ach blaiseadh an-bheag dúinn ar oidhreacht ailtireachta Chontæ Chiarraí. Tá aitheantas tugtha do raon leathan struchtúr tábhachtach i Suirbhé Sealadach an Chontæ (NIAH) idir fhoirgnimh phoiblí cosúil le séipéil agus tithe cúirte maraon le tograí príomháideacha ar nós tithe agus foirgnimh fheirme.

Tugann seasmhacht na bhfoirgneamh a ndéantar tagairt dóibh sa suirbhé (iar 1700) tuiscint dúinn ar bhuaine na bhfoirgneoireachta agus ar an dearcadh a bhí taobh thiar dóibh.

Leis na hathruithe móra eacnamaíochta agus sóisialta a tháinig chun cinn go mall sa fichiú haois, loiteadh mórán foirgneamh a d'fhéadfadh a bheith úsáideach agus tairbheach fós, go háirithe i gceantair uirbeacha. Tá dóchas ann, áfach, go mairfidh an chuid atá fágtha de shaibhreas stairiúil Chontæ Chiarraí de réir mar atá aird níos mó á thabhairt ar chúrsaí caomhnóireachta agus cosanta. Tá an dul chun cinn seo soiléir cheana féin ó na seanscoileanna atá athchóirithe mar thithe cónaithe nó mar árais shiamsaíochta agus/nó tráchtála. Ar an bhonn céanna tá muileann gaoithe Chathair Uí Mhóráin athchóirithe agus in úsáid maraon le seanfhothrach Bheairic Chathair Saidhbhín atá cóirithe go snasta mar ionad oidhreachta. Ina theannta sin, de réir mar a mhéadaigh meas ar oidhreacht ailtireachta eastáit ar nós Diméin Mhucrois agus Doire Fhíonáin tháinig borradh luachmhar ar eacnamaíocht an réigiúin trí mheán tionscal na turasóireachta.

Tá bunús ailtireachta na n-aoiseanna atá imithe thart ar cheann de na nithe is follasaí chun léargas a thabhairt dúinn ar stair an chontæ. De bhrí chuntas staire a bheith á scríobh go leanúnach beidh sé riachtanach scrúdú a dhéanamh ar oidhreacht ailtireachta an fichiú haois déag, agus í a hathmheas ar bhonn rialta. Beidh ailtireacht na ré sin mar scáthán freisin, ar oidhreacht ailtireacta na nglúnta le teacht amach anseo. Tá tionchar mór ag ailtireacht na haimsire a chuaigh thart ar ailtireacht an læ inniu. Maraon leis sin beidh ailtireacht an læ inniu mar scáthán ar oidhreacht chultúrtha mhuintir Chiarraí amach anseo.

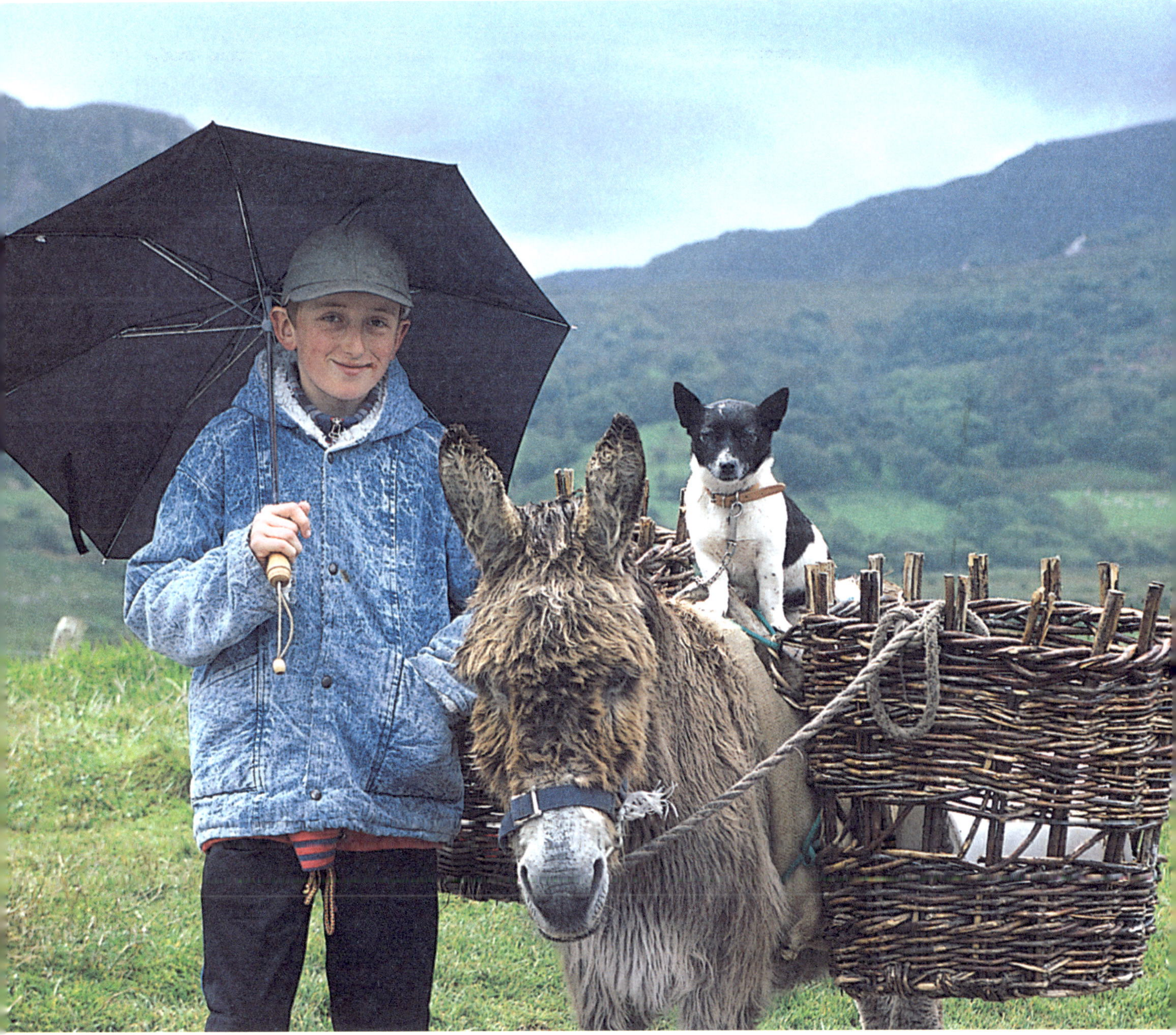

Tuilleadh Léitheoireachta

Aalen, F.H.A., Whelan, Kevin and Stout, Matthew. eds.,
Atlas of the Irish Rural Landscape
(Cork: Cork University Press, 1997).

Barrington, Tom J.,
Discovering Kerry: its History, Heritage & Topography
(Dublin: Blackwater, 1976; Cork: The Collins Press, 1999).

Bary, Valerie,
Historical, Genealogical, Architectural notes of some Houses of Kerry
(Whitegate, County Clare: Ballinakella Press, 1994).

Bence-Jones, Mark,
A Guide to Irish Country Houses, 2nd rev. ed
(London: Constable, 1988); originally Burkes Guide to country houses, vol. 1 Ireland (London: Burke's Peerage, 1978).

Costello, Con,
The O'Connell Memorial Church and Canon Brosnan
(Tralee: The Kerryman Ltd., 1984).

Cox, R.C. and Gould, M.H.,
Civil Engineering Heritage: Ireland
(London: Thomas Telford Publications, 1998).

Craig, Maurice,
Classic Irish houses of the middle size
(London: The Architectural Press, 1976).

Craig, Maurice,
The Architecture of Ireland from the earliest times to 1880
(London: Batsford, 1982; Dublin: Lambay Books, 1997).

Dunne, Mildred & Philips, Brian, eds.,
The Courthouses of Ireland: A gazetteer of Irish courthouses
(Kilkenny: The Heritage Council, 1999).

Edwards N.,
The Archæology of Early Medieval Ireland
(London: Routledge, 1996).

Harbison, Peter,
Guide to National and Historic Monuments of Ireland
(Dublin: Gill & MacMillan, 2001).

Hogg, William E.,
The Millers and Mills of Ireland of about 1850: a list compiled by William E. Hogg
(Sandycove, County Dublin: William E. Hogg, 1997), revised as The Millers and The Mills of Ireland of about 1850 (Dublin: William Hogg Publishers, 2000).

Howley, James,
The Follies and garden buildings of Ireland
(New Haven, Conn. & London: Yale University Press, 1993).

Johnson, Stephen,
Johnson's Atlas and Gazetteer of the Railways of Ireland
(Leicester: Midland Publishing Limited, 1997).

Lewis, Samuel,
A Topographical Dictionary of Ireland comprising the several counties, cities, boroughs ...2 vols.
(London: S. Lewis and Co., 1837; reprint, Port Washington, NY: Kennikat Press, 2 vols.).

Lynne, Gerard J.,
The Lansdowne Estates in Kerry under the Agency of William Steuart Trench 1849–72
(Tempelogue, County Dublin: Geography Publications, 2001).

Lyons, Mary Cecilia,
The Illustrated Incumbered Estates Ireland, 1850–1905: Lithographic and Other Illustrative Material in the Incumbered Estates Rentals
(Whitegate, County Clare: Ballinakilla Press, 1993).

McAfee, Patrick,
Irish stone walls, history, building, conservation
(Dublin: The O'Brien Press, 1997).

McCarthy, Kevin,
Lighthouses of Ireland
(Sarasota, Florida: Pineapple Press, 1997).

McKenna, Jack,
Dingle...some of its story
(Tralee: Kenno, 1982).

McParland, Edward,
'A bibliography of Irish architectural history'
Irish Architectural Studies vol. 26, no. 102
(Dublin: Irish Historical Studies, 1989).

O'Cleirigh, Nellie,
Valentia: A Different Irish Island
(Dublin: Portobello Press, 1992).

O'Dwyer, Frederick,
The Architecture of Deane and Woodward
(Cork: Cork University Press, 1997).

Proudfoot, Lindsay J.& Graham, Brian J. eds.,
An Historical geography of Ireland
(London: Academic Press, 1993).

Roche, Nessa,
The Legacy of Light: A History of Irish Windows
(Bray, County Wicklow: Wordwell, 1999).

Rothery, Sean,
Ireland and the New Architecture 1900–1940
(Dublin: Lilliput Press, 1991).

Rothery, Sean,
A Field guide to the buildings of Ireland: Illustrating the smaller buildings of town and countryside
(Dublin: Lilliput Press, 1997).

Scanlon, James,
Sneem
(Dublin: Gandon Editions Works 1, 1995).

Shaffrey, Patrick,
The Irish Town: an approach to survival
(Dublin: O'Brien Press, 1975).

Sheehy, Jeanne,
J. J. McCarthy and the Gothic Revival in Ireland
(Belfast: Ulster Architectural Heritage Society, 1977).

Sheehy, Jeanne,
The Rediscovery of Ireland's Past: The Celtic Revival 1830 – 1930
(London: Thames and Hudson, 1980).

Uimhreacha Cláraithe

Tá na struchtúir atá luaite i dtéacs an Réamhrá seo liostaithe thíos. Is féidir tuilleadh eolais a fháil ar gach struchtúr trí chuardach a dhéanamh sa 'bhrabhsálaí bhunachair sonraí NIAH' a ghabhann leis seo de réir Uimhir Chláraithe. Liostaítear na struchtúir de réir uimhir leathanaigh.

05 Mesolithic Settlement, Ferriter's Cove *Not included in survey*	**11** Ballynahaglish Church of Ireland Church, Glebe 21302801	**16** Saint Finian's Hospital, Rock Road, Killarney 21306624	**22** Presentation Convent, Monument, Lixnaw *Not included in survey*
05 Staigue Fort, near Sneem *Not included in survey*	**12** Kenmare House, Killarney Demesne, Killarney *Not included in survey*	**19** Saint John's Church, The Square, Listowel 21400203	**22** Saint Michæl's Catholic Church, Drimna Beg, Sneem 21401102
05 Monastery, Skellig Michæl *Not included in survey*	**12** Killarney House, Killarney Demesne, Killarney 21410801	**19** Kilcolman Church, Ballyoughtragh North, Milltown 21304706	**22** Saint John's Catholic Church, Tralee *Not included in survey*
05 Gallarus Oratory, Corca Dhuibhne *Not included in survey*	**12** Kenmare House (post 1956) 'Knockreer House', Killarney Demesne, Killarney 21306622	**19** Saint Cartach's Church, Meanus, Kiltallagh 21304701	**22** Saint James's Catholic Church, Killorglin 21400703
05 Ardfert Cathedral, Ardfert *Not included in survey*	**12** Blennerville House, Curragraigue 21400304	**21** Knockane Church, Churchtown 21306501	**22** Saint John's Catholic Church, Ballybunion 21400116
07 Ross Castle, Killarney *Not included in survey*	**12** Churchtown House, Churchtown 21306503	**21** McGillycuddy Mausoleum, Knockane Church, Churchtown 21306502	**24** Mercy Convent (former Holy Cross Convent), Rock Road, Killarney 21400812
07 Muckross Demesne, Killarney 21307402	**12** Church Hill House, Glebe 21302802	**21** Ventry Mausoleum, Burnham Demesne, Raheenyhooig 21305305	**24** Saint Brendan's College, Inch, Killarney 21400808
08 Lixnaw Bridge, Lixnaw/Coolaruane/Clogher/Cunnagare 21301502	**12** Arabela House, Arabela 21303902	**21** Old Oratory Art Gallery (former Church of Ireland), Main Street, Caherciveen 21400904	**24** Saint Finian's Hospital, Rock Road, Killarney 21306624
08 Old Weir Bridge, Glena/Gortacussane, Killarney 21307405	**14** Listowel Union Workhouse, Curraghatoosane, Listowel *Not included in survey*	**21** Saint Mary's Cathedral, Cathedral Place, Killarney 21400802	**24** Poor Clare's Convent, Old Killarney Road, Kenmare 21401003
08 Ardtully Old Bridge, Ardtully Demesne, Ardtully 21309404	**14** Courthouse and Bridewell, Milltown 21304709	**21** Holy Cross Catholic Church, Tralee *Not included in survey*	**24** Holy Cross Catholic Church, Old Killarney Road, Kenmare 21401002
08 Blennerville Windmill, Curragraigue 21400301	**15** Tarbert Heritage Centre (former Courthouse and Bridewell), Tarbert 21300306	**22** Saint Brendan's Catholic Church, Ardfert 21302001	**24** Bishop's Palace/Saint Mary's Presbytery, Inch, Killarney 21400809
10 80 New Street, Killarney 21400895	**15** Tralee Courthouse, Ashe Street, Tralee *Not included in survey*	**22** Catholic Church of Saint John The Baptist, Deerpark, Lispole 21304401	**24** Presbytery, Cathedral Place, Killarney *Not included in survey*
10 Old Market House, The Square/Market Street, Kenmare 21401018	**16** Garda Barracks, Church Street, Listowel 21400268	**22** Saint Michæl's Catholic Church, Monument, Lixnaw 21301601	**25** Holy Cross/O'Connell Memorial Catholic Church, Main Street, Caherciveen 21400903
11 M.E. Burke and Co., Green Street/Grey's Lane, Dingle 21400613	**16** Caherciveen Heritage Centre (former RIC Barracks), Caherciveen 21400901		
11 Church of Ireland Church, Church Street Upper, Listowel 21400231			

26 35 The Square, Listowel 21400221	29 Lime Street School, Shelbourne Street, Kenmare 21401010	34 Glenbeigh Towers, Kilbrack Upper 21306301	40 Old Kenmare Bridge, Kenmare *Not included in survey*
26 36 The Square, Listowel 21400222	29 Schoolmaster's House, Lime Street School, Shelbourne Street, Kenmare 21401011	35 Deenagh Lodge, Killarney Demesne, Killarney 21400801	40 Kenmare Bridge, Kenmare 21309306
26 Saint Joseph's House, 67 New Street, Killarney 21400889	29 Saint Brigid's School (former Saint Mary's National School), New Road, Killarney 21400811	35 Killarney House, Killarney Demesne, Killarney 21410801	40 Killorglin Bridge, Killorglin 21400702
26 Aras Agais, 68 New Street, Killarney 21400890	29 Mastergeehy School, Mastergeehy 21308901	35 Dovecote, Killarney Demesne, Killarney 21410803	41 Laune Viaduct, Killorglin 21400701
26 The Port Cottages, Port Road, Killarney 21400804	29 Dromore Castle, Dromore 21309207	35 Church of Ireland Rectory, Gurtenard House, Bridge Street, Listowel 21400202	41 Gleensk Valley Viaduct, Gleensk 21306202
26 House, Curragraigue 21400302	30 Ballyheigue Castle, Ballyheigue 21301401	35 Coolbeha House, Coolbeha 21300505	41 Valentia River Viaduct, Cloghanelinghan/Caherciveen 21400910
26 Saint Mary's Terrace, Saint Mary's Road, Killarney 21400871–5	30 Ballyseedy Castle, Ballyseedy 21302913	35 Keel House, Kligarrylander, Keel 21304601	42 Castlegregory Railway Station, Martramane 21303605
26 Courtney's, High Street, Killarney 21400852	30 Flesk (Glenflesk) Castle, Dromhumper 21306604	36 Clachán, Reask 21304202	42 Rathmore Railway Station, Shinnagh, Rathmore 21306001
26 Sean Leo O'Sullivan's, Plunkett Street, Killarney 21400864	30 Folly, Flesk (Glenflesk) Castle, Dromhumper 21306605	36 Clachán, Feohanagh 21303302	42 Signal Box, Rathmore Railway Station, Shinnagh, Rathmore 21306001
26 O'Hanlon Feale Bar, Main Street, Ballybunion 21400105	30 Derrynane Abbey, Darryname More 21310601	36 Clachán, Murreagh 21304204	42 Railway Cottage, Rathmore Railway Station, Rathmore *Not included in survey*
26 John R's, 70 Church Street, Listowel 21400270	30 Gate Lodge, Derrynane Abbey, Derryname Demesne 21310602	36 Cottage, Dennehy's Bohereen, Killarney 21400817	42 Footbridge, Rathmore Railway Station, Shinnagh, Rathmore 21306001
27 Bank of Ireland, The Square, Listowel 21400206	32 Dromore Castle, Dromore 21309207	36 Thatched House, Deelis 21303610	42 Killarney Railway Station, East Avenue Road, Killarney 21400819
27 Allied Irish Bank, Main Street, Killarney 21400834	32 Gate Lodge, Dromore Castle, Dromore 21309205	36 Thatched House, Ardcullen 21300907	43 Railway Bar (former Railway Hotel), Main Street, Ballybunion 21400113
28 Old Town Hall, Main Street, Killarney 21400837	32 Muckross House, Muckross Demesne, Killarney 21307402	36 Cottage, Convent Street, Listowel 21400284	43 Killarney Great Southern Hotel, East Avenue, Killarney 21400820
28 Post Office, New Street, Killarney 21400898	33 Gate Lodge, Muckross House 21306619	39 The Acres, Corbally 21300911	43 Parknasilla Great Southern Hotel, Derryquin 21310003
28 Post Box, New Street, Killarney 21400886	33 Woodford House, Lissyvigeen 21306701	39 House, Dawros 21310103	43 Derryquin Castle, Derryquin Demesne 21310005, 12
28 The Milk Market, High Street (off), Killarney 21400854	34 Collis-Sandes House (former Oak Park House), Oak Park Demesne, Killeen 21302907	40 Fermoyle Bridge, Fermoyle/Part of Cloghane 21303502	43 Park Hotel (former Kenmare Great Southern Hotel), Shelbourne Street, Kenmare 21401008
		40 Listowel Bridge, Listowel/ Ballygowloge/Ballygregnane 21400290	

44	Cable Station, Knightstown, Valencia 21401331	
44	New Cable Terrace, Knightstown, Valencia 21401336–45	
44	Cable Terrace, Knightstown, Valencia 21401322-30	
44	Lightkeeper's Terrace, Knightstown, Valencia 21401301-8	
44	Knight's Town Coffee/The Dwelling House, Main Street, Knightstown, Valencia 21401318	
44	Clock Tower, Royal Pier, Knightstown, Valencia 21401320	
44	Cable Station, Spukane, Waterville 21309805	
44	Cable Station, near Ballinskelligs Not included in survey	
44	Coastguard Station, Spukane, Waterville 21309801	
44	Carriglea Coastguard Station, Valencia 21308703	
45	Warehouse, Ballylongford 21300202	
45	Warehouse, Ballylongford 21300203	
45	O'Donohue's Warehouse, Killorglin 21400708	
46	Pedestal, Main Street, Castleisland 21400505	
46	Eask Tower, Carhoo Hill, Dingle 21305306	
46	Butler Memorial Fountain, Waterville 21309804	
46	Talbot-Crosbie Memorial Fountain, Ardfert 21302003	
46	Road Crossing, Countess Road, Killarney 21410800	
48	Royal Irish Constabulary (RIC) Barracks, Gortalea Not included in survey	
48	Royal Irish Constabulary (RIC) Barracks, Anascaul Not included in survey	
48	Royal Irish Constabulary (RIC) Barracks, Ballyferriter Not included in survey	
48	Royal Irish Constabulary (RIC) Barracks, Camp Not included in survey	
48	Royal Irish Constabulary (RIC) Barracks, Castlegregory Not included in survey	
48	Royal Irish Constabulary (RIC) Barracks, Cloghane Not included in survey	
48	Stoughton House, Ballyhorgan, near Rattoo Not included in survey	
48	Ballyheigue Castle, Ballyheigue 21301401	
48	Kilmorna House, near Listowel Not included in survey	
49	'Maid of Erin', Central Hotel, 12 Main Street, Listowel 21400225	
49	Harp and Lion, 44 Church Street, Listowel 21400265	
49	60 William Street, Listowel 21400250	
49	Liam Dillon, 62 Church Street, Listowel 21400269	
49	19 The Square, Listowel 21400210	
49	O'Coileain, Ballymacasey, Ballylongford 21300301	
51	Carnegie Free Library, Caherciveen 21400902	
51	Carnegie Free Library, Church Street Upper, Listowel 21400232
51	Ashe Memorial Hall, Ashe Street, Tralee Not included in survey
51	Allied Irish Bank, 38 The Square, Listowel 21400223
51	An Tig Gædeaac, Main Street, Caherciveen 21400908
51	D.J. Flavin, 30 Church Street, Listowel 21400262
53	Saint Mary's Cathedral, Cathedral Place, Killarney 21400802
53	Catholic Church of the Immaculate Conception, Currow 21304804
53	Corpus Christi Catholic Church, Kealid, Knockanure 21301101
53	Saint Bernard's Catholic Church, Montanagay, Abbeydorney 21302101
53	Catholic Church of the Ressurection, Killarney Not included in survey
54	Methodist Church, The Hahah, Killarney 21400821
54	Kenmare Bridge, Kenmare 21309306
54	The Way the Fairies Went, Drimna Beg, Sneem 21401103

Buíochas

Mar gheall ar an gcúnamh a thug said i dtaca le Suirbhé Eatramhach Contæ Chiarraí a ullmhú tá an NIAH faoi chomaoin ag:

Gerry Browner; Michelle Boyle; Bua Training; Mark Conroy; Willy Cumming; Patrick Donald; Jacqui Donnelly; Mildred Dunne; Eleanor Flegg; Roger Hill; Anne Holliday; Cartlann Ailtireachta na hÉireann; Gareth John; Paul McNally; Hugh Maguire; Hilda Markey; Damian Murphy; Elene Nagussi; Flora O'Mahony; T.J. O'Meara; Josephine O'Neill; Brendan Pocock; Marc Ritchie; Caroline Sandes; Erika Sjoberg; Webmedia. Lena chois sin is mian leis an NIAH buíochas a ghabháil le foirne Leabharlann Náisiúnta na hÉireann; Cartlann Ailtireachta na hÉireann agus Institiúid Innealtóirí na hÉireann mar gheall ar an gcúnamh fial a thug said trí cead a thabhairt míreanna óna gcuid bailiúchán a atáirgeadh.

Foinsí na léirithe

Is é Patrick Donald a rinne na grianghraif uile don NIAH cé is moite de na cinn seo a leanas:

Is le Cartlann Náisiúnta Ghrianghrafadóireachta Leabharlann Náisiúnta na hÉireann na híomhánna cartlainne ar leathanaigh 8 agus 41 agus atáirgeadh iad le cead Comhairle Iontaobhaithe Leabharlann Náisiúnta na hÉireann; atáirgtear an íomhá chartlainne ar leathanach 55 le cead Institiúid Innealtóirí na hÉireann agus is é Davison & Associates Ltd a rinne an grianghraf di; agus atáirgtear na híomhánna cartlainne ar leathanaigh 6, 14, 25, 30 agus 34 le cead Chartlann Ailtireachta na hÉireann agus is é Davison & Associates Ltd a rinne na grianghraif díobh.

Dynamo a Dhear
Grianghrafadóireacht le *Patrick Donald*
Grianghrafadóireacht ar íomhánna cartlainne le *Davison & Associates Ltd.*
Clóite ag *Colour Print*
ISBN: 0755712579

© Rialtas na hÉireann 2002

Acknowledgements

The NIAH gratefully acknowledges the assistance of the following in the preparation of the County Kerry Interim Survey:

Gerry Browner; Michelle Boyle; Bua Training; Mark Conroy; Willy Cumming; Patrick Donald; Jacqui Donnelly; Mildred Dunne; Eleanor Flegg; Roger Hill; Anne Holliday; Irish Architectural Archive; Gareth John; Paul McNally; Hugh Maguire; Hilda Markey; Damian Murphy; Elene Negussi; Flora O'Mahony; T.J. O'Meara; Josephine O'Neill; Brendan Pocock; Marc Ritchie; Caroline Sandes; Erika Sjöberg; Webmedia. In addition the NIAH wishes to acknowledge the generous assistance given by the staff of the National Library of Ireland (NLI), The Irish Architectural Archive (IAA) and The Institute of Engineers of Ireland in allowing the reproduction of items from their collections.

Sources of illustrations

All photographs were produced for the NIAH by Patrick Donald with the exception of the following:

Archival images on pages 8 & 41 are the property of the National Photographic Archive of the National Library of Ireland and have been reproduced with the permission of the Council of Trustees of the National Library of Ireland; the archival image on page 55 is reproduced courtesy of The Institute of Engineers of Ireland and was photographed by Davison & Associates Ltd.; and archival images on pages 6, 14, 25, 30, 34 are reproduced courtesy of the IAA and were photographed by Davison & Associates Ltd.

Designed by *Dynamo*
Photography by *Patrick Donald*
Photography of archival images
by *Davison & Associates Ltd.*
Printed by *Colour Print*
ISBN: 0755712579

© Government of Ireland 2002

44 Cable Station, Knightstown, Valencia *21401331*	46 Road Crossing, Countess Road, Killarney *21410800*	51 Carnegie Free Library, Church Street Upper, Listowel *21400232*
44 New Cable Terrace, Knightstown, Valencia *21401336–45*	48 Royal Irish Constabulary (RIC) Barracks, Gortalea *Not included in survey*	51 Ashe Memorial Hall, Ashe Street, Tralee *Not included in survey*
44 Cable Terrace, Knightstown, Valencia *21401322–30*	48 Royal Irish Constabulary (RIC) Barracks, Anascaul *Not included in survey*	51 Allied Irish Bank, 38 The Square, Listowel *21400223*
44 Lightkeeper's Terrace, Knightstown, Valencia *21401301–8*	48 Royal Irish Constabulary (RIC) Barracks, Ballyferriter *Not included in survey*	51 An Tig Gaedeaac, Main Street, Caherciveen *21400908*
44 Knight's Town Coffee/The Dwelling House, Main Street, Knightstown, Valencia *21401318*	48 Royal Irish Constabulary (RIC) Barracks, Camp *Not included in survey*	51 D.J. Flavin, 30 Church Street, Listowel *21400262*
44 Clock Tower, Royal Pier, Knightstown, Valencia *21401320*	48 Royal Irish Constabulary (RIC) Barracks, Castlegregory *Not included in survey*	53 Saint Mary's Cathedral, Cathedral Place, Killarney *21400802*
44 Cable Station, Spukane, Waterville *21309805*	48 Royal Irish Constabulary (RIC) Barracks, Cloghane *Not included in survey*	53 Catholic Church of the Immaculate Conception, Currow *21304804*
44 Cable Station, near Ballinskelligs *Not included in survey*	48 Stoughton House, Ballyhorgan, near Rattoo *Not included in survey*	53 Corpus Christi Catholic Church, Kealid, Knockanure *21301101*
44 Coastguard Station, Spukane, Waterville *21309801*	48 Ballyheigue Castle, Ballyheigue *21301401*	53 Saint Bernard's Catholic Church, Montanagay, Abbeydorney *21302101*
44 Carriglea Coastguard Station, Valencia *21308703*	48 Kilmorna House, near Listowel *Not included in survey*	53 Catholic Church of the Ressurection, Killarney *Not included in survey*
45 Warehouse, Ballylongford *21300202*	49 'Maid of Erin', Central Hotel, 12 Main Street, Listowel *21400225*	54 Methodist Church, The Hahah, Killarney *21400821*
45 Warehouse, Ballylongford *21300203*	49 Harp and Lion, 44 Church Street, Listowel *21400265*	54 Kenmare Bridge, Kenmare *21309306*
45 O'Donohue's Warehouse, Killorglin *21400708*	49 60 William Street, Listowel *21400250*	54 The Way the Fairies Went, Drimna Beg, Sneem *21401103*
46 Pedestal, Main Street, Castleisland *21400505*	49 Liam Dillon, 62 Church Street, Listowel *21400269*	
46 Eask Tower, Carhoo Hill, Dingle *21305306*	49 19 The Square, Listowel *21400210*	
46 Butler Memorial Fountain, Waterville *21309804*	49 O'Coileain, Ballymacasey, Ballylongford *21300301*	
46 Talbot-Crosbie Memorial Fountain, Ardfert *21302003*	51 Carnegie Free Library, Caherciveen *21400902*	

26	35 The Square, Listowel *21400221*	29	Lime Street School, Shelbourne Street, Kenmare *21401010*	34	Glenbeigh Towers, Kilbrack Upper *21306301*	40	Old Kenmare Bridge, Kenmare *Not included in survey*
26	36 The Square, Listowel *21400222*	29	Schoolmaster's House, Lime Street School, Shelbourne Street, Kenmare *21401011*	35	Deenagh Lodge, Killarney Demesne, Killarney *21400801*	40	Kenmare Bridge, Kenmare *21309306*
26	Saint Joseph's House, 67 New Street, Killarney *21400889*			35	Killarney House, Killarney Demesne, Killarney *21410801*	40	Killorglin Bridge, Killorglin *21400702*
26	Aras Agais, 68 New Street, Killarney *21400890*	29	Saint Brigid's School (former Saint Mary's National School), New Road, Killarney *21400811*	35	Dovecote, Killarney Demesne, Killarney *21410803*	41	Laune Viaduct, Killorglin *21400701*
26	The Port Cottages, Port Road, Killarney *21400804*	29	Mastergeehy School, Mastergeehy *21308901*	35	Church of Ireland Rectory, Gurtenard House, Bridge Street, Listowel *21400202*	41	Gleensk Valley Viaduct, Gleensk *21306202*
26	House, Curragraigue *21400302*	29	Dromore Castle, Dromore *21309207*	35	Coolbeha House, Coolbeha *21300505*	41	Valentia River Viaduct, Cloghanelinghan/Caherciveen *21400910*
26	Saint Mary's Terrace, Saint Mary's Road, Killarney *21400871–5*	30	Ballyheigue Castle, Ballyheigue *21301401*	35	Keel House, Kligarrylander, Keel *21304601*	42	Castlegregory Railway Station, Martramane *21303605*
26	Courtney's, High Street, Killarney *21400852*	30	Ballyseedy Castle, Ballyseedy *21302913*	36	Clachán, Reask *21304202*	42	Rathmore Railway Station, Shinnagh, Rathmore *21306001*
26	Sean Leo O'Sullivan's, Plunkett Street, Killarney *21400864*	30	Flesk (Glenflesk) Castle, Dromhumper *21306604*	36	Clachán, Feohanagh *21303302*	42	Signal Box, Rathmore Railway Station, Shinnagh, Rathmore *21306001*
26	O'Hanlon Feale Bar, Main Street, Ballybunion *21400105*	30	Folly, Flesk (Glenflesk) Castle, Dromhumper *21306605*	36	Clachán, Murreagh *21304204*	42	Railway Cottage, Rathmore Railway Station, Rathmore *Not included in survey*
26	John R's, 70 Church Street, Listowel *21400270*	30	Derrynane Abbey, Darrynane More *21310601*	36	Cottage, Dennehy's Bohereen, Killarney *21400817*	42	Footbridge, Rathmore Railway Station, Shinnagh, Rathmore *21306001*
27	Bank of Ireland, The Square, Listowel *21400206*	30	Gate Lodge, Derrynane Abbey, Derrynane Demesne *21310602*	36	Thatched House, Deelis *21303610*	42	Killarney Railway Station, East Avenue Road, Killarney *21400819*
27	Allied Irish Bank, Main Street, Killarney *21400834*	32	Dromore Castle, Dromore *21309207*	36	Thatched House, Ardcullen *21300907*	43	Railway Bar (former Railway Hotel), Main Street, Ballybunion *21400113*
28	Old Town Hall, Main Street, Killarney *21400837*	32	Gate Lodge, Dromore Castle, Dromore *21309205*	36	Cottage, Convent Street, Listowel *21400284*	43	Killarney Great Southern Hotel, East Avenue, Killarney *21400820*
28	Post Office, New Street, Killarney *21400898*	32	Muckross House, Muckross Demesne, Killarney *21307402*	39	The Acres, Corbally *21300911*	43	Parknasilla Great Southern Hotel, Derryquin *21310003*
28	Post Box, New Street, Killarney *21400886*	33	Gate Lodge, Muckross House *21306619*	39	House, Dawros *21310103*	43	Derryquin Castle, Derryquin Demesne *21310005, 12*
28	The Milk Market, High Street (off), Killarney *21400854*	33	Woodford House, Lissyvigeen *21306701*	40	Fermoyle Bridge, Fermoyle/Part of Cloghane *21303502*	43	Park Hotel (former Kenmare Great Southern Hotel), Shelbourne Street, Kenmare *21401008*
		34	Collis-Sandes House (former Oak Park House), Oak Park Demesne, Killeen *21302907*	40	Listowel Bridge, Listowel/ Ballygowloge/Ballygregnane *21400290*		

Registration Numbers

The structures mentioned in the text of this Introduction are listed below. It is possible to find more information on each structure by searching the accompanying 'NIAH CD-ROMs' by the Registration Number. Structures are listed by page number.

05 Mesolithic Settlement, Ferriter's Cove
    Not included in survey

05 Staigue Fort, near Sneem
    Not included in survey

05 Monastery, Skellig Michæl
    Not included in survey

05 Gallarus Oratory, Corca Dhuibhne
    Not included in survey

05 Ardfert Cathedral, Ardfert
    Not included in survey

07 Ross Castle, Killarney
    Not included in survey

07 Muckross Demesne, Killarney
    21307402

08 Lixnaw Bridge, Lixnaw/Coolaruane/Clogher/Cunnagare
    21301502

08 Old Weir Bridge, Glena/Gortacussane, Killarney
    21307405

08 Ardtully Old Bridge, Ardtully Demesne, Ardtully
    21309404

08 Blennerville Windmill, Curragraigue
    21400301

10 80 New Street, Killarney
    21400895

10 Old Market House, The Square/Market Street, Kenmare
    21401018

11 M.E. Burke and Co., Green Street/Grey's Lane, Dingle
    21400613

11 Church of Ireland Church, Church Street Upper, Listowel
    21400231

11 Ballynahaglish Church of Ireland Church, Glebe
    21302801

12 Kenmare House, Killarney Demesne, Killarney
    Not included in survey

12 Killarney House, Killarney Demesne, Killarney
    21410801

12 Kenmare House (post 1956) 'Knockreer House', Killarney Demesne, Killarney
    21306622

12 Blennerville House, Curragraigue
    21400304

12 Churchtown House, Churchtown
    21306503

12 Church Hill House, Glebe
    21302802

12 Arabela House, Arabela
    21303902

14 Listowel Union Workhouse, Curraghatoosane, Listowel
    Not included in survey

14 Courthouse and Bridewell, Milltown
    21304709

15 Tarbert Heritage Centre (former Courthouse and Bridewell), Tarbert
    21300306

15 Tralee Courthouse, Ashe Street, Tralee
    Not included in survey

16 Garda Barracks, Church Street, Listowel
    21400268

16 Caherciveen Heritage Centre (former RIC Barracks), Caherciveen
    21400901

16 Saint Finian's Hospital, Rock Road, Killarney
    21306624

19 Saint John's Church, The Square, Listowel
    21400203

19 Kilcolman Church, Ballyoughtragh North, Milltown
    21304706

19 Saint Cartach's Church, Meanus, Kiltallagh
    21304701

21 Knockane Church, Churchtown
    21306501

21 McGillycuddy Mausoleum, Knockane Church, Churchtown
    21306502

21 Ventry Mausoleum, Burnham Demesne, Raheenyhooig
    21305305

21 Old Oratory Art Gallery (former Church of Ireland), Main Street, Caherciveen
    21400904

21 Saint Mary's Cathedral, Cathedral Place, Killarney
    21400802

21 Holy Cross Catholic Church, Tralee
    Not included in survey

22 Saint Brendan's Catholic Church, Ardfert
    21302001

22 Catholic Church of Saint John The Baptist, Deerpark, Lispole
    21304401

22 Saint Michæl's Catholic Church, Monument, Lixnaw
    21301601

22 Presentation Convent, Monument, Lixnaw
    Not included in survey

22 Saint Michæl's Catholic Church, Drimna Beg, Sneem
    21401102

22 Saint John's Catholic Church, Tralee
    Not included in survey

22 Saint James's Catholic Church, Killorglin
    21400703

22 Saint John's Catholic Church, Ballybunion
    21400116

24 Mercy Convent (former Holy Cross Convent), Rock Road, Killarney
    21400812

24 Saint Brendan's College, Inch, Killarney
    21400808

24 Saint Finian's Hospital, Rock Road, Killarney
    21306624

24 Poor Clare's Convent, Old Killarney Road, Kenmare
    21401003

24 Holy Cross Catholic Church, Old Killarney Road, Kenmare
    21401002

24 Bishop's Palace/Saint Mary's Presbytery, Inch, Killarney
    21400809

24 Presbytery, Cathedral Place, Killarney
    Not included in survey

25 Holy Cross/O'Connell Memorial Catholic Church, Main Street, Caherciveen
    21400903

Roche, Nessa,
The Legacy of Light: A History of Irish Windows
(Bray, County Wicklow: Wordwell, 1999).

Rothery, Sean,
Ireland and the New Architecture 1900–1940
(Dublin: Lilliput Press, 1991).

Rothery, Sean,
A Field guide to the buildings of Ireland: Illustrating the smaller buildings of town and countryside
(Dublin: Lilliput Press, 1997).

Scanlon, James,
Sneem
(Dublin: Gandon Editions Works 1, 1995).

Shaffrey, Patrick,
The Irish Town: an approach to survival
(Dublin: O'Brien Press, 1975).

Sheehy, Jeanne,
J. J. McCarthy and the Gothic Revival in Ireland
(Belfast: Ulster Architectural Heritage Society, 1977).

Sheehy, Jeanne,
The Rediscovery of Ireland's Past: The Celtic Revival 1830 – 1930
(London: Thames and Hudson, 1980).

Further Reading

Aalen, F.H.A., Whelan, Kevin and Stout, Matthew eds., *Atlas of the Irish Rural Landscape* (Cork: Cork University Press, 1997).

Barrington, Tom J., *Discovering Kerry: its History, Heritage & Topography* (Dublin: Blackwater, 1976; Cork: The Collins Press, 1999).

Bary, Valerie, *Historical, Genealogical, Architectural notes of some Houses of Kerry* (Whitegate, County Clare: Ballinakella Press, 1994).

Bence-Jones, Mark, *A Guide to Irish Country Houses*, 2nd rev. ed (London: Constable, 1988); originally Burkes Guide to country houses, vol. 1 Ireland (London: Burke's Peerage, 1978).

Costello, Con, *The O'Connell Memorial Church and Canon Brosnan* (Tralee: The Kerryman Ltd., 1984).

Cox, R.C. and Gould, M.H., *Civil Engineering Heritage: Ireland* (London: Thomas Telford Publications, 1998).

Craig, Maurice, *Classic Irish houses of the middle size* (London: The Architectural Press, 1976).

Craig, Maurice, *The Architecture of Ireland from the earliest times to 1880* (London: Batsford, 1982; Dublin: Lambay Books, 1997).

Dunne, Mildred & Philips, Brian, eds., *The Courthouses of Ireland: A gazetteer of Irish courthouses* (Kilkenny: The Heritage Council, 1999).

Edwards N., *The Archæology of Early Medieval Ireland* (London: Routledge, 1996).

Harbison, Peter, *Guide to National and Historic Monuments of Ireland* (Dublin: Gill & MacMillan, 2001).

Hogg, William E., *The Millers and Mills of Ireland of about 1850: a list compiled by William E. Hogg* (Sandycove, County Dublin: William E. Hogg, 1997), revised as The Millers and The Mills of Ireland of about 1850 (Dublin: William Hogg Publishers, 2000).

Howley, James, *The Follies and garden buildings of Ireland* (New Haven, Conn. & London: Yale University Press, 1993).

Johnson, Stephen, *Johnson's Atlas and Gazetteer of the Railways of Ireland* (Leicester: Midland Publishing Limited, 1997).

Lewis, Samuel, *A Topographical Dictionary of Ireland comprising the several counties, cities, boroughs ...2 vols.* (London: S. Lewis and Co., 1837; reprint, Port Washington, NY: Kennikat Press, 2 vols.).

Lynne, Gerard J., *The Lansdowne Estates in Kerry under the Agency of William Steuart Trench 1849-72* (Tempelogue, County Dublin: Geography Publications, 2001).

Lyons, Mary Cecilia, *The Illustrated Incumbered Estates Ireland, 1850-1905: Lithographic and Other Illustrative Material in the Incumbered Estates Rentals* (Whitegate, County Clare: Ballinakilla Press, 1993).

McAfee, Patrick, *Irish stone walls, history, building, conservation* (Dublin: The O'Brien Press, 1997).

McCarthy, Kevin, *Lighthouses of Ireland* (Sarasota, Florida: Pineapple Press, 1997).

McKenna, Jack, *Dingle...some of its story* (Tralee: Kenno, 1982).

McParland, Edward, 'A bibliography of Irish architectural history' *Irish Architectural Studies vol. 26, no. 102* (Dublin: Irish Historical Studies, 1989).

O'Cleirigh, Nellie, *Valentia: A Different Irish Island* (Dublin: Portobello Press, 1992).

O'Dwyer, Frederick, *The Architecture of Deane and Woodward* (Cork: Cork University Press, 1997).

Proudfoot, Lindsay J.& Graham, Brian J. eds., *An Historical geography of Ireland* (London: Academic Press, 1993).

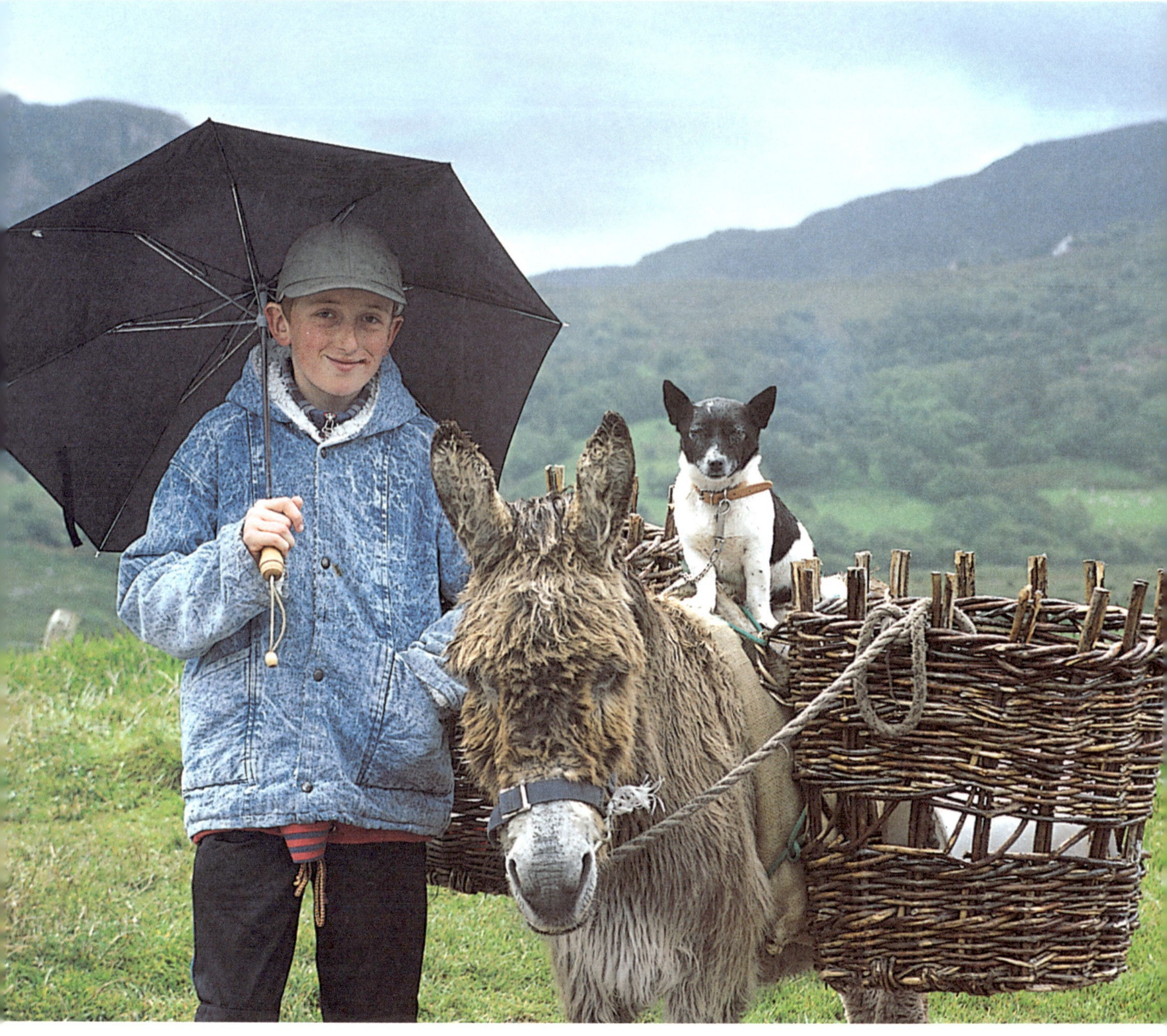

Conclusion

The range of artefacts, buildings and structures described in this Introduction constitutes but a small portion of the architectural heritage of County Kerry. The NIAH County Interim Survey has identified a wide range of structures of importance, from public buildings such as churches and courthouses, to private projects such as houses and farm buildings.

The survival of buildings from the periods covered by the survey (post 1700) is testament to the durability of construction and design with which they were conceived.

Rapid economic and social change in the late twentieth century has encouraged the destruction and loss of much that could still be useful and of benefit, especially in urban areas. However, there is hope for the survival of the remaining historic fabric of County Kerry as an awareness of protection and conservation becomes more prevalent. This is already evident in the conversion of defunct schoolhouses to residential, recreational and/or commercial use. Similarly Blennerville Windmill has been restored as a working model while the long-ruined Caherciveen Barracks has been sympathetically reconstructed as a heritage centre. Furthermore, the appreciation of the architectural heritage merit of estates such as Muckross Demesne and Derrynane has resulted in an invaluable contribution to the economy of the region through tourism.

The architectural fabric of previous centuries is among the most tangible evidence providing insight into the history of a county. As history is continuously being written it will be necessary to examine and re-assess the architectural legacy of the twentieth century, as the buildings of that period will, in turn, represent the architectural heritage for future generations. The architecture of the past is a legacy to the present. So too the architecture of the present will represent a legacy to the future of the culture and ideals of the people of County Kerry.

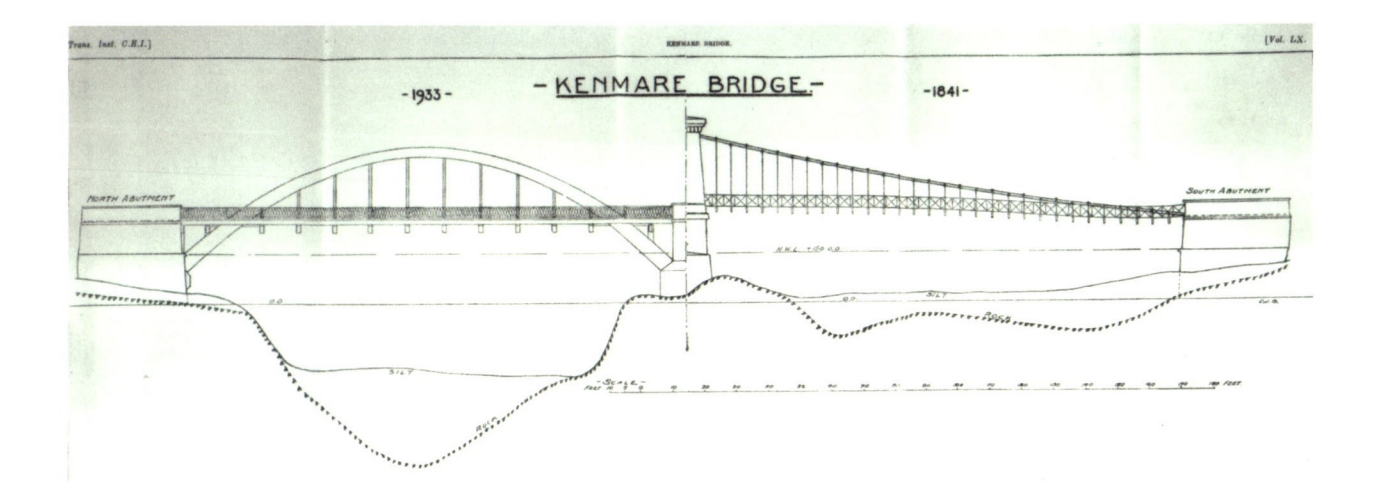

(fig. 81)
KENMARE BRIDGE
Kenmare

A working drawing that juxtaposes the proposed Kenmare Bridge with the iron suspension bridge that it ultimately replaced. The reinforced concrete structure was designed by Mouchel and Partners, engineers of London.

Courtesy The Institute of Engineers of Ireland.

(fig. 82)
THE WAY THE FAIRIES WENT
Drimna Beg,
Sneem
(1990)

As with Eask Tower this group of sculptures is constructed of dry stone walling that affords the design a timeless quality which integrates well with the surrounding landscape.

(fig. 80)
METHODIST CHURCH
The Hahah,
Killarney
(c. 1910)

Where the Catholic Church began to explore and adopt new styles in their buildings those of other denominations continued to draw on the traditions established a number of centuries before.

Change in social structures and religious practice discouraged the building of new churches for other denominations. Instead, many communities found it increasingly difficult to maintain their existing stock of buildings. An exception to the trend was the Gothic Revival Methodist Church (c.1910), The Hahah, Killarney, designed by George F. Beckett (1877–1961) *(fig. 80)*. Its pared-down detailing and use of lancet windows echo the smallness of scale, although it nonetheless supports a polygonal spire rising from a corner turret. The attractive gateway and channelled piers date from the same period.

The pioneering use of concrete in Kerry, already in evidence by the late nineteenth century, continued in the early twentieth. In 1932–33 the Old Kenmare Bridge (c.1833) was deemed unsafe and the decision was taken to replace it with a structure of reinforced concrete. The contract was awarded to A.E. Farr Contractors of London and the new bridge was built to incorporate elements from the earlier structure. It was, at the time, one of the largest concrete bridges in both Ireland and Britain, and remains a particularly fine example of its kind *(fig. 81)*.

While Kerry has been subject to trends common to architectural development and change across Ireland, a number of monuments and distinctive buildings have rekindled a sense of regional distinctiveness. Some large-scale public sculpture has assumed an architectural quality, notably *The Way the Fairies Went* (1990), Drimna Beg, Sneem, created by sculptor James Scanlon with the help of local stonemasons *(fig. 82)*. It consists of four rubble stone structures — three pyramidal and one conical. Its dry stone construction and careful blending into the surrounding landscape is reminiscent of the older architecture of some of Kerry's archeological sites, principally Staigue Fort and Gallarus Oratory.

The building of Roman Catholic churches continued, if to a lesser extent, throughout the twentieth century. Some existing churches also received additions, the most notable example being Saint Mary's Cathedral, Cathedral Place, Killarney, which was extended from five to seven bays and had its west façade rebuilt; a spire, designed by Ashlin, was added around 1900. In the early 1970s, under Bishop Eamon Casey, the cathedral underwent a controversial restoration, much at variance with the original concept, but in keeping with the spirit of the 1970s. Many other churches have been altered internally since the 1960s, following liturgical changes and the recommendations of the Second Vatican Council (1962–5), and new churches have been built in a number of architectural styles. Patrick J. Sheahan (n.d.) designed the Catholic Church of the Immaculate Conception (1957), Currow, in Neo-Byzantine style *(figs. 76–78)*. In complete contrast, and inspired by the spirit of change, Corpus Christi Catholic Church (1963), Kealid, Knockanure, represents one of the most radical departures from the prevailing norms for church architecture in Ireland *(fig. 79)*. Designed by Michæl Scott (1905–89) in the New International style, it makes extensive use of concrete, steel and glass, and incorporates decorative work by the sculptor Oisín Kelly (1915–81). Another example of the genre can be found at Saint Bernard's Catholic Church (1968), Montanagay, Abbeydorney, designed by Dan J. Kennedy (n. d.). The architectural firm, O'Sullivan Campbell's Catholic Church of the Resurrection (1993), Killarney, is circular with a conical roof, the bold simplicity of the exterior form recalling the Staigue Fort.

(fig. 79)
CORPUS CHRISTI CATHOLIC CHURCH
Kealid,
Knockanure
(1963)

Built immediately following the Second Vatican Council, Michæl Scott's project capitalised on the official approval of the use of modern styles in church buildings. The minimalist result is in stark contrast to the ornate quality of the nineteenth-century Gothic churches.

(fig. 76)
CATHOLIC CHURCH OF THE IMMACULATE CONCEPTION
Currow
(1957)

Predating the Second Vatican Council, the church at Currow draws on a traditional plan that was made popular over a century earlier while the exterior is enveloped in a neo-Byzantine skin.

(fig. 77)
CATHOLIC CHURCH OF THE IMMACULATE CONCEPTION
Currow

The full-height interior at Currow is open to the shallow barrel-vaulted roof that, while employing modern construction techniques, alludes to a Classical-style coffered ceiling.

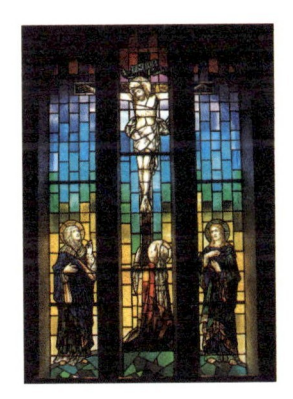

(fig. 78)
CATHOLIC CHURCH OF THE IMMACULATE CONCEPTION
Currow

The inclusion of artistic features continued to be an important component of the architectural heritage of Kerry well into the twentieth century.

(fig. 75)
TIG GÆDEAAC
Main Street,
Caherciveen
(1924)

A building executed in the Queen Anne style the shopfront incorporates a rare bowed display window, while box oriel windows and a decorative parapet articulate the upper floors.

In the early decades of the century, the American steel magnate Andrew Carnegie (1835–1919) provided funds for the building of libraries in many countries across the world, including Ireland. Two examples in Kerry are found at Caherciveen (1910), and Church Street Upper, Listowel (1916), both of which were designed by Rudolf Maximilian Butler (1872–1943). The library in Caherciveen suggests the Queen Anne Revival, a style widely favoured for Carnegie libraries, with prominent chimneystacks, double pitched roof, and projecting eaves, recalling, if on a lesser scale, the original early eighteenth-century Kenmare House. While the library preserves its original massing and fanlights, the loss of a distinctive chimneystack and the insertion of new windows in 1990 have altered Butler's original intention. The civic consciousness represented by Carnegie libraries mirror to some extent the increase in the powers of local and urban authorities in the early part of the century. The Ashe Memorial Hall (1924–8), Tralee, provides the finest example of this trend in Kerry *(fig. 74)*. Built as local authority offices, the elevated sandstone building faces the heart of the town, and provides a striking example of the aspirations of local government in the newly independent state.

The Queen Anne style, as characterised by a combination of red brick and fine stonework, is evidenced at the AIB Bank (c.1910), 38 The Square, Listowel. The same style was employed for An Tig Gædeaac (1924), Main Street, Caherciveen *(fig. 75)*. The three-bay three-storey terraced pub incorporates a ground floor bowed window with a grouping of lively architectural incidents: an oriel window, a balustrade parapet, and Ionic pilasters. The shopfront of D. J. Flavin's (1925), 30 Church Street, Listowel, also incorporates Classical style pilasters and decorative consoles. The previous building on this site was burnt in 1922.

(fig. 74)
ASHE MEMORIAL HALL
Ashe Street,
Tralee
(1924–8)

One of the first major public building projects undertaken in County Kerry following Independence, the Memorial Hall is an imposing symmetrical composition in the Classical style and is constructed of fine red brick work. The hall is now home to the Kerry Museum.

The independence movement encouraged, to a limited extent, a move away from British architectural styles, although many English architects continued to be commissioned. The Celtic Revival of the late nineteenth-century saw architects look increasingly to vernacular buildings for inspiration. This not only reflected independence sensibilities, but also mirrored the spirit of the English-based Arts and Crafts movement concerned, as it was, with traditional values and skills in architecture. In Kerry, one of the more particular and local manifestations of the style was decorative plasterwork on pubfronts, prevalent in north Kerry, and especially in Listowel. The best known is the 'Maid of Erin', which embellishes the front of the Central Hotel (c.1920), 12 Main Street, Listowel. The relief is the work of Pat McAuliffe (1846–1921), a local builder who became interested in relief decoration and whose work is seen on many other buildings in the town. The Harp and Lion (c.1840), 44 Church Street, Listowel, was originally a private house, but had its render pub front and the crest and harp motif added in 1915. Later examples of the style take on an almost riotous quality, untypical of Irish architecture. Examples are found at 60 William Street (1925), and Liam Dillon's (1935), 62 Church Street, Listowel. The façade and gable of 19 The Square (c.1910), Listowel, have been enriched with rendered features *(fig. 71)*. The pub front, with pilasters and scroll brackets, of O'Coileain, (c.1860), Ballymacasey, Ballylongford was added in the 1920s *(figs. 72–73)*.

(fig. 72)
O'COILEAIN
Ballymacasey,
Ballylongford
(c. 1860 and c. 1920)

Originally built as a private house the building was partly remodelled to the ground floor in the early twentieth century to accommodate a commercial use.

(fig. 73)
O'COILEAIN,
Ballymacasey,
Ballylongford

The timber shopfront at O'Coileain, although much deteriorated, is nevertheless a fine example of a composition that drew on the Classical motifs of pilasters, frieze and cornice.

The Twentieth Century

The twentieth century opened with increasing calls for devolved government. The Wyndham Land Act of 1903 resulted in the transfer of some 317,000 smallholdings to peasant proprietors. The War of Independence (1919–21) was followed by the cruelty of a civil war (1922–3). These events, and their countermeasures, all had consequences for the architecture of Kerry and of the rest of Ireland. Military and political campaigns resulted in attacks on army and police establishments, and on other seats of power. The barracks at Gortalea was attacked in 1918, and in due course the barracks at Anascaul, Ballyferriter, Camp, Castlegregory and Cloghane were all destroyed. The economic base sustaining great estates was overturned. A number of country houses, including Stoughton House (n. d.), Ballyhorgan, near Rattoo, were attacked. Many others were demolished or left ruinous, among them Ballyheigue Castle (1758 and 1809), Ballyheigue, and Kilmorna (n.d.), near Listowel, both of which were destroyed in 1921.

(fig. 71)
19 THE SQUARE
Listowel
(c. 1910)

The decorative doorcase, window architraves, stringcourse and cornice are very much reflective of the high standard of render ornamentation that is characteristic of Listowel.

The Nineteenth Century

(fig. 69)
PEDESTAL
Main Street,
Castleisland
(1825)

Constructed of fine cut-limestone this pedestal or monument is of considerable artistic merit and is set in a prominent, central location. The later water-pump of c.1880 is also of significance as an item of early street furniture.

(fig. 70)
EASK TOWER
Carhoo Hill,
Dingle
(1847)

Prominently sited on a hill top overlooking the Atlantic Ocean, Eask Tower is constructed of traditional dry stone walling that negated the need for mortar as a bonding agent.

Some miscellaneous nineteenth-century built heritage can also be found, including original street paving and monuments commemorating the achievements of distinguished individuals. A fluted limestone pedestal (1825), topped with a ball finial, decorates Main Street, Castleisland *(fig. 69)*. The more significantly scaled Eask Tower (1847) on Carhoo Hill, Dingle may have been erected as a Famine relief project; it is constructed of dry stone to evoke the quality of a prehistoric monument, and stands in good condition *(fig. 70)*. The Butler Memorial Fountain (1887) in Waterville is in the form of an elaborately carved Celtic Cross. The Talbot-Crosbie Memorial Fountain (1901), Ardfert was erected at the dawn of the new century to commemorate Lieutenant Colonel Talbot-Crosbie, who instigated the town's water supply. It has a particular military precision in its simplicity, and reveals the influence of the Hiberno Romanesque Revival, more commonly associated with church architecture and funeral monuments. Occasionally, fragments of old street paving have escaped destruction. The Road Crossing, a section of cobbles flanked by limestone paving (c.1850), on Countess Road, Killarney could be described as a rare survival.

(fig. 68)
WAREHOUSE
Ballylongford
(c. 1850)

One of a group of rubble stone warehouses flanking the river at Ballylongford, it is possible that this example was originally built as a mill. Small window openings, which would have sustained a cool, dry environment, support this supposition.

Little evidence of nineteenth-century industry survives. Some warehouses remain standing, and there are references to mills, both in the surviving mill books and in Griffith's Valuation of 1857. These mills included corn and flour mills, tuck mills (for improving woollen fabric), and ancillary buildings such as stores. A large warehouse (c.1850), Ballylongford, on the banks of Ballyline River, may at some stage have been a mill *(fig. 68)*. It is of painted rubble with a double-pitched and hipped slated roof; the timber-framed openings with cast-iron framed rooflights survive. A second warehouse (c.1860) in Ballylongford has an ashlar façade with a cantilevered gabled-hoist canopy. O'Donohue's warehouse, Killorglin (c.1870) retains some of its original timber window and door fittings; it became a bakery in 1937.

(fig. 67)
COASTGUARD STATION
Spukane,
Waterville
(1899)

The restrained Gothic-style coastguard station at Waterville was built to monitor and curtail smuggling activities along the coastline of County Kerry.

Roads and railways were only two of the components introducing Kerry to the wider world in the nineteenth century. The technological advancements of the telegraph, and eventually the telephone system, also played a part. Kerry's geographical position on the edge of Europe made it a prime location for the first transatlantic cable, which was laid from Knightstown, Valentia Island, to Newfoundland in 1857–8. Remaining in use for over a century, the Cable Station was not closed until 1966, and the original eleven-bay building is largely intact. The cable link had dramatic repercussions for communications between North America and Europe, and profoundly affected the local economy, prompting a whole range of housing and ancillary buildings for the supporting staff, engineers and cable operators. The buildings, erected by the Anglo-American Telegraph Company, have largely survived and remain as witness to the breadth and ambition of the telegraph cable project. Several terraces remain relatively intact, although many of the houses have been altered individually. New Cable Terrace (1860), and Cable Terrace (1860) are substantially built, in contrast to the prevailing norm of the period. At five bays and two storeys each, with many retaining original doors and windows, the houses on New Cable Terrace represent a scale of development especially rare on an off shore island. Lightkeeper's Terrace (c.1901) dates from the turn of the century and, as the name implies, was part of support housing for the Valentia Island lighthouse. Several of the houses display original details and make use of the locally available Valentia Island slate. Several commercial premises also survive from this period. The Dwelling House Pub, Knightstown (1888), supports an ornately rendered façade and original windows, while the Clock Tower (c.1880) on Royal Pier adds a distinguished urban-like sophistication to an otherwise rural location. It was originally a weigh house, on a square plan, and its pyramidal roof supports the clock, which was restored in 1990. There are two other cable stations in Kerry, one at Waterville (1870), Spukane, and the other near the village of Ballinskelligs.

The coastguards were founded in 1822 in an attempt to curtail the smuggling that had flourished throughout the eighteenth century. There is a former coastguard station (1899) at Spukane, Waterville *(fig. 67)*. The sandstone building was later used as a hostel, and there are plans to develop it into apartments. The extensive coastguard station at Valentia (c.1925), ruinous since the late 1920s, has recently been converted to a youth hostel. Examples of terraced two-bay, two-storey coastguard houses survive from the 1880s, with many original features still intact.

The railway network encouraged the development of large railway hotels, controlled by the railway companies themselves. Smaller, privately developed hotels also became common in the vicinity of stations, especially at resorts like Ballybunion. Although some were purpose built, others were adaptations of earlier domestic buildings. The Railway Hotel (c.1870), Main Street, Ballybunion, now the Railway Bar, was typical of small-scale hotel developments. The Great Southern and Western Railway Company (GSW) erected a number of large-scale hotels, which still function, notably the three Great Southern Hotels in Killarney, Kenmare, and Parknasilla. The Killarney Great Southern Hotel (1854), East Avenue, Killarney, is in a neo-Classical style complementary to the railway station **(figs. 65–66)**. While the Classical balance has been disrupted, the hotel retains early windows and elegant, if much altered interiors.

Architect James Franklin Fuller (1835–1924) designed the Parknasilla Great Southern Hotel (c.1890), Derryquin, in a Scottish Baronial style. The recreational aspect of the location had already been appreciated by an earlier generation; the hotel stands in the grounds of Derryquin Castle (c.1840), Derryquin Demesne, a former hunting lodge of the Blands family, which is now all but destroyed. Fuller was also responsible for designing the Kenmare Great Southern Hotel (c.1895), Shelbourne Street, Kenmare, in a severe Tudor Revival style. It is now the Park Hotel, and stands on a raised site overlooking Kenmare Bay, its comparative austerity appropriate for the dramatic landscape. Inevitably much altered, the hotel nonetheless supports some original details, notably the distinctively glazed windows and an impressive hallway staircase.

(fig. 66)
KILLARNEY GREAT SOUTHERN HOTEL
East Avenue,
Killarney

The interior of the Killarney Great Southern Hotel, although much altered over the years in order to keep pace with modern requirements, nonetheless retains some highly decorative plasterwork.

(fig. 65)
KILLARNEY GREAT SOUTHERN HOTEL
East Avenue,
Killarney
(1854)

This hotel, together with its counterparts in Kenmare and Parknasilla, was built by the Great Southern and Western Railway Company to attract tourists to the region who might require their transport and hostelry services.

(fig. 62)
CASTLEGREGORY RAILWAY STATION
Martramane
(c. 1890)

One of the smallest railway stations in County Kerry, the building is notable for the use of corrugated iron in its construction.

(fig. 63)
PEDESTRIAN BRIDGE
Rathmore Railway Station,
Shinnagh,
Rathmore
(1855)

The cast-iron span and decorative wrought-iron lattice work at Rathmore are a fine example of the juxtaposition of technical engineering achievements and artistic design.

Railway stations in Kerry range from the simple corrugated-iron-clad station at Castlegregory (c.1890), Martramane *(fig. 62)*, to the complex of sandstone buildings at Rathmore (1855), Shinnagh, Rathmore. The surviving signal box, railway cottages, and cast-iron pedestrian bridge *(fig. 63)* at Rathmore, all dating from the 1850s, were once common and distinctive features at stations across Ireland. As might be expected, given its popularity as a destination, Killarney Railway Station (1853), East Avenue Road, Killarney, is particularly notable *(fig. 64)*. It is built of limestone and includes a stationmaster's house from 1860. Together with a later extension, the station is arranged in the manner of an eighteenth-century Palladian mansion, five-bay lateral wings bordering a central three-bay block. As at Rathmore, a number of contemporary ancillary buildings are associated with the site; these include a possible water tower and a signal box, both dating from around 1855.

(fig. 64)
KILLARNEY RAILWAY STATION
East Avenue Road,
Killarney
(1853)

An example of the Classical style in use for public building, the arrangement recalls the 'Economic Villa' formula as devised and promoted by Andrea Palladio. The projecting timber-clad porch to left of the image is a later addition of c.1890.

The introduction of a railway service completely radicalised Irish transport, and opened up the hitherto inaccessible Kerry to a growing numbers of visitors. By 1859 a railway line was in place between Mallow and Tralee, and the line between Limerick and Tralee, with a number of branch lines, was completed in 1883. The whole apparatus of railway construction called for a range of engineering feats: cuttings, embankments and viaducts. The impressive five-span Laune Viaduct (1885), Killorglin, was in use until the line closed in 1960, and was renovated and re-opened as a footbridge in 1993. In its combination of limestone and cast-iron, it typifies the combination of traditional and industrial skills required by such projects. The Gleensk Valley Viaduct (c.1890), Gleensk, on the Caherciveen line is an eleven-span box girder viaduct on a curved plan supported by tapering rusticated sandstone pylons *(figs. 60–61)*. The Valentia River Viaduct (1893), Cloghanelinghan/Caherciveen, is a lattice girder viaduct of seven arches; it too was closed in 1960. The Lartigue line, between Listowel and Ballybunion, was the only monorail in Ireland. Designed by Charles Francois Marie-Therese Lartigue (1837–1907) it operated between 1888 and 1924 and, although comparatively cumbersome, was nonetheless a significant innovation for the period.

(fig. 60)
GLEENSK VALLEY VIADUCT
Gleensk
(c. 1890)

Built as part of the extension of the Great Southern and Western Railway line from Killorglin to Valencia, the viaduct was designed by A.D. Price, engineer and built by T.K. Falkiner, builder.

Courtesy National Library of Ireland.

(fig. 61)
GLEENSK VALLEY VIADUCT
Gleensk

Gleensk Valley Viaduct was closed to railway traffic in February 1960. Nevertheless the eleven tapered sandstone piers and sweeping curve of the track continue to be a formidable presence in the surrounding countryside.

(fig. 58)
FERMOYLE BRIDGE
Fermoyle/Part of Cloghane
(c. 1800)

A solid early nineteenth-century hump-back road bridge forming an imposing and picturesque feature on the River Glennahoo.

(fig. 59)
LISTOWEL BRIDGE
Listowel/Ballygowloge/ Ballygregnane
(1829)

An elegant multiple-arch bridge that is distinguished by the use of fine materials in its construction and the retention of the graceful sweeps to the regularly placed voids.

The nineteenth century witnessed a significant improvement in transport and communications across Kerry, by both road and rail. A regular postal service, instigated at the end of the eighteenth century, led to the development of a mail coach road between Cork and Tralee in 1812, and another between Tralee and Limerick via Listowel. Further roads were built following extensive government relief works in the 1820s. In north Kerry, Sir Richard Griffith (1784–1878) developed a number of routes including the road from Castleisland to Newcastle West, County Limerick. The 'Tunnel' road between Kenmare and Glengariff was developed in the late 1830s. Improved roads necessitated the construction of new bridges. Fermoyle Bridge (c.1800), Fermoyle/Part of Cloghane, is of a typical, if often overlooked type, built from rubble stone, and incorporating three round-headed arches and triangular cutwaters *(fig. 58)*. The more substantial, five-arch, Listowel Bridge (1829), Listowel/ Ballygowloge/Ballygregnane, is somewhat grander, being of ashlar limestone *(fig. 59)*. Griffith also supervised the construction of Old Kenmare Bridge (c.1833), a wrought-iron construction that, until its replacement in 1932–33, was among the earliest of its kind in Ireland. The large eight-arch Kilorglin Bridge (1885), Killorglin, spans the River Laune.

(fig. 57)
HOUSE
Dawros
(c. 1875)

A modest-sized house that bears the evidence of having been self- rather than professionally-built, including the random nature of the masonry and the irregular distribution and shape of the openings.

Some larger properties also employed locally available skills and materials, and can be described as vernacular. The Acres (c.1865), Corbally, is a substantial six-bay house with the slightly unusual feature of three double-pitched thatched roofs at varying levels *(figs. 55–56)*. A two-storey house (c.1875) at Dawros has a slate roof with rendered chimneystacks over each gable *(fig. 57)*. The original timber sash windows on the upper floor have timber lintels and no sills.

(fig. 55)
THE ACRES
Corbally
(c. 1865)

The Acres is unusual in that it is composed using three different roof pitches, the higher rooflines to the end bays accommodating half-dormer attics.

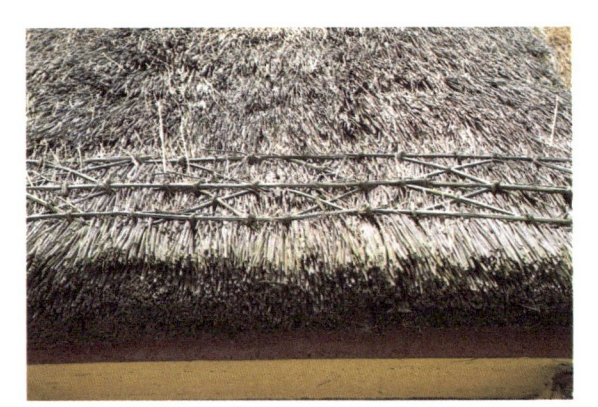

(fig. 56)
THE ACRES
Corbally

A detail of the decorative ropework used to fix and maintain the thatch at eaves level.

(fig. 54)
THATCHED HOUSE
Deelis
(c. 1870)

A standard long, low single-storey thatched cottage of rubble stone construction. The small window openings were intended to conserve heat within.

(fig. 52)
CLACHÁN
Murreagh
(c. 1860)

Clacháns such as this were small farming communities. The survival of a number of clacháns in the county is an important insight into the vernacular heritage of the region.

(fig. 53)
CLACHÁN
Murreagh

A detail of the random rubble stone construction typical of many vernacular buildings. In some instances this may have been lime rendered or washed although little evidence of this survives at Murreagh.

The majority of the population, however, lived in small single-storey thatched dwellings that can be classified as vernacular — a building constructed in a traditional style, using locally available skills and materials. By the 1840s over half of the population lived in one-roomed, often windowless, mud cabins. Political and social commentators noted the contrast between the abject poverty and consequent poor housing conditions of the masses, and the architectural playfulness of large houses. Many such homes were abandoned or demolished during the Great Famine and subsequent waves of emigration; either pulled down by landlords as the tenants vacated them, or simply dissolved into the soil from which they had been made.

Nevertheless, some fragments of nineteenth-century vernacular housing survive. In general, all that remains of these small homes are ruins, or isolated gables and chimneystacks. Even then, these ruinous fragments are survivals from only the more substantial kind of cottage. A group of rubble stone cottages forming a clachán (c.1860), now mostly ruinous, can be found at Reask; one was renovated around 1940. Some cottages at Feohanagh (c.1860) were later incorporated into a house and others survive as outhouses. Another possible clachán (c.1860) at Murreagh is in better condition, although the various cottages appear to have been converted to farm buildings *(figs. 52–53)*. Other individual examples from this period include a small, slated cottage (c.1860), Dennehey's Bohereen, Killarney. It has early windows, and multiple layers of limewash add a distinctive texture to its exterior walls. There is a four-bay single-storey thatched house (c.1870) at Deelis *(fig. 54)*, and another (c.1870) at Ardcullen. The original windows and subsequently rendered panels (c.1935) add a decorative flourish to the road frontage of a cottage (c. 1890) on Convent Street, Listowel.

The Nineteenth Century

(fig. 49)
DEENAGH LODGE
Killarney Demesne,
Killeen
(1834)

Conceived as a cottage ornée, Deenagh Lodge boasts a riot of ornament ranging from the lattice glazing, decorative work to the ridge of the thatched roof and the tall, paired octagonal chimney pots.

(fig. 50)
CHURCH OF IRELAND RECTORY
Gurtenard House,
Bridge Street,
Listowel
(c. 1830)

A substantial residence originally intended for the clergy of the nearby Church of Ireland church, the house retains original Wyatt-style windows to ground floor and a later verandah of c.1920.

(fig. 51)
KEEL HOUSE
Killgarrylander,
Keel,
Bridge Street,
Listowel
(c. 1725)

A modest symmetrically-planned farmhouse of the early eighteenth century, important original salient features, including fenestration and door fittings, are retained throughout. Ranges of intact outbuildings are located in the grounds.

Gate lodges and other ancillary buildings greatly added to the architectural character of an estate and were among the most accessible, and sometimes inventive, of its buildings. Many remain, if ruinous. Those of the Killarney estate were particularly decorative; Deenagh Lodge (1834), Killarney Demesne, is thatched in the style of a cottage-ornée *(fig. 49)*. Stables, outhouses, and other estate buildings from the period can easily be overlooked. The present Killarney House (c.1830), Killarney Demesne, originally formed the stable block to the long demolished Kenmare House, which was destroyed in the latter part of the nineteenth century. Killarney House was converted from a stable to a house around 1915 and reveals, among other features from that period, a Queen Anne style entrance porch. An earlier dovecote (c.1820), Killarney Demense, still stands.

Smaller houses, frequently housing the clergy, affluent farmers or growing middle classes, are no less distinguished; many remain in use and reveal details from the time of their construction. The former Church of Ireland Rectory at Gurtenard House, Bridge Street, Listowel (c.1830), has timber Wyatt windows; the verandah was added in the 1920s and the building is now a guesthouse *(fig. 50)*. Although currently derelict, Coolbeha House (c.1830), Coolbeha, a two-storey farmhouse of painted roughcast rubble, birthplace of Field Marshall Lord Kitchener (1850–1916), retains timber framed sash windows, and sits within a small complex of farm buildings. Keel House (c.1725), Kilgarrylander, Keel, was renovated around 1850, and its timber window frames remain intact *(fig. 51)*.

In addition to work on the Muckross Demesne, Atkins was responsible for the smaller, but equally significant, Collis-Sandes House (originally Oak Park House) (1857–60), Oak Park Demesne, Killeen *(fig. 46)*. The house reveals the influence of John Ruskin (1819–1900) in its colour combination of polychrome brick, and Venetian motifs. The contemporary Glenbeigh Towers (1867–71), Kilbrack Upper, was designed by Edward William Godwin (1833–86) and took archeological exactitude to excess, suggesting the forbidding mood and character of a medieval tower house *(figs. 47–48)*. It was as if Goodwin, who had extensive experience of stage design, was transforming his theatrical fantasies into an architectural reality. The ruinous condition of the property, which was destroyed in 1922, does nothing to dispel its poetic quality.

(fig. 46)
COLLIS-SANDES HOUSE (OAK PARK HOUSE)
Oak Park Demesne, Killeen
(1857–60)

Built for M.F. Sandes and originally named Oak Park, Collis-Sandes House is a rare example of the Venetian Gothic in County Kerry. It was in use as a convent, c.1939.

(fig. 47)
GLENBEIGH TOWERS
Kilbrack Upper
(1867–71)

A 'Romantic' pictorial account of the building process of Glenbeigh Towers, it is supposed that this view predates actual construction as the tower seen to the left was never completed.

Courtesy Irish Architectural Archive.

(fig. 48)
GLENBEIGH TOWERS
Kilbrack Upper

Built as an archæologically-correct composition and burnt in 1922, the remaining ruins of Glenbeigh Towers serve to enhance its pseudo-medieval quality.

(fig. 44)
MUCKROSS HOUSE
Muckross Demesne
(1839–43)

One of the most dramatic compositions in the Elizabethan Revival style in Kerry, the house, built for H.A. Herbert MP, together with its attractive landscaped grounds has become a popular tourist attraction in the county.

(fig. 45)
GATE LODGE
Muckross House,
Carrigafreaghane
(c. 1860)

Gate lodges and gateways, although diminutive in scale, were often designed as a reflection of the artistry of the main house.

and steeply pitched gables, to picturesque effect. A porte cochère and gate lodge were subsequently designed by William Atkins (1812–87). The quality stonework of the gate lodge (c.1860), Carrigafreaghane, employs an idiom complementary to the house, together with decorative barge boards and leaded windows, establishing for the owner and visitor alike a foretaste of the main property beyond the entrance gates *(fig. 45)*. Although its composition is otherwise traditional, the decorative components of Woodford House (c.1840), Lissyvigeen, celebrate the taste for Gothic Revival, especially its applied decorative quality. The house, which may incorporate the fabric of an earlier property from the 1770s, supports an array of lace-like bargeboards, together with pointed windows with Gothic-style glazing bars, and features a battlemented entrance porch and side elevation oriel window.

(fig. 43)
DROMORE CASTLE
Dromore
(1831–8)

Built for Rev Denis Mahony, Dromore Castle is typical of the Georgian Gothic style that combined Georgian symmetry and proportions with Gothic motifs. This style was the antecedent of the more archæologically-correct Gothic Revival advocated by A.W.N. Pugin.

Other properties were transformed more radically. Dromore Castle (1831–8), Dromore, replaced an earlier building on the site and was designed by Sir Thomas Deane (1792–1870) for Rev. Denis Mahony, reflecting the popular romantic concept of a medieval castle *(fig. 43)*. The sandstone gate lodge (1848) by Deane's partner Benjamin Woodward (1816–61), although compact in design, displays a number of features including an oriel window, corner tower, pointed entrance arch and battlements, all serving to enhance the dramatic effect. By contrast, Muckross House (1839–43), Muckross Demesne, erected for H. A. Herbert, appears less defensive and arguably more gracious *(fig. 44)*. Lewis (1837) mentions that an earlier house had been taken down and was to be 'rebuilt in a style according more with the beauty of the grounds, and the numerous interesting objects in the immediate vicinity.' Built from sandstone in the Elizabethan Revival style and designed by the Scottish architect, William Burn (1789–1870), the house combines many visual incidents, projecting bays, oriel windows

The Nineteenth Century

The early nineteenth-century taste for Romanticism encouraged the embellishment of some large properties with medieval motifs. A taste for full-blown Gothic Revival, as found in much church architecture, would become more pronounced in later decades. The underlying structure at Ballyheigue Castle (c.1758), Ballyheigue, was typical of large mid eighteenth-century houses *(figs. 41–42)*. In keeping with the Romantic idiom, Richard Morrison (1767–1849), and his son William Vitruvius Morrison (1794–1838), embellished the castle with Gothic and Tudor-Revival motifs in 1806. Ballyseedy Castle (c.1760), Ballyseedy, seat of the Blennerhassetts, was comparably 'enhanced' in the Gothic style in 1816, possibly by Sir Richard Morrison, and subsequently c.1880 by James Franklin Fuller (1835–1924). Flesk Castle (Glenflesk Castle) (c.1820), Dromhumper, was erected as a 'Romantic' Gothic pile and, although ruinous, the garden folly (c.1820) is among the surviving elements of the overall scheme. Contemporary with the execution of the main building the castellated octagonal planned structure evokes, rather than recreates, a sense of the Gothic style.

Derrynane Abbey (c.1720), Darrynane More, the family home of Daniel O'Connell (1836–1919), was one of the few substantial country houses in the region that belonged to a Catholic family. Although much reconstructed, the house was originally built in the early eighteenth century, increasing almost organically in size as one extension followed another. In the 1820s Daniel O'Connell enlarged Derrynane, adding 'Irish-style' battlements. In 1844, the architect John O'Connell MP (n. d.), Daniel's third son, designed a simple Gothic-Revival chapel. The gate lodge, Darrynane More, also dating from the 1840s, still has its original distinctive windows, which add a Gothic touch to the otherwise simple composition.

(fig. 41)
BALLYHEIGUE CASTLE
Ballyheigue
(c. 1758 and 1806)

Originally built as a Georgian house in the mid eighteenth century the building was extended for Col James Crosbie in 1806 and given a 'Romantic' Gothic-style skin.

Courtesy Irish Architectural Archive.

(fig. 42)
BALLYHEIGUE CASTLE
Ballyheigue

Burnt when in use as a prison during 'The Troubles' in 1921 the castle remained ruinous for many years. In the late twentieth century the wings were converted to residential units with the main block retained as a 'Romantic' centrepiece.

The nineteenth-century concern with the provision of education encouraged a significant growth in the number of schools in Kerry. Many national schools were erected following the establishment of the National Board of Education in 1806, especially in the years after 1831. The Lime Street School (c.1830), Shelbourne Street, Kenmare, is a typical example; built of rubble stone with limestone quoins to a generalised plan-type, the modest scale and detail is entirely utilitarian and quite in keeping with the pedagogical philosophy of the period. The adjoining schoolmaster's house (1880), Shelbourne Street, was added fifty years later. Saint Brigid's School, (1886), New Road, Killarney, formerly Saint Mary's National School, is built of red brick on a U-shaped plan in contrast to the prevailing taste for fine stonework or rendered rubble; the arms of the U reflecting the inevitable gender division of the classroom *(figs. 39–40)*. A copper-clad lantern provides a further distinguishing feature.

The Encumbered Estates Act of 1849, while encouraging the transfer of significant areas of land from landlord to tenant, had only limited consequences in Kerry. As late as 1876 some twenty-six landowners, each with more than 10,000 acres, still held 75% of the land area; Richard Mahony (n. d.) of Dromore Castle (1831–8), Dromore, owned some 29,200 acres near Kenmare. It is no surprise, therefore, that in spite of surrounding poverty many large country houses were built throughout the period, and existing properties were enlarged. Architects from across Ireland and Great Britain were employed to design many significant houses and, in this particular field of architecture, Kerry has a distinguished legacy.

MASTERGEEHY SCHOOL
Mastergeehy
(c. 1880)

In contrast to the refined and opulent appearance of Saint Brigid's School this contemporary model is a long single-storey range built of rendered rubble stone. It retains most of its original aspect and materials.

(fig. 39)
SAINT BRIGID'S SCHOOL
New Street,
Killarney
(1886)

Built on a U-shaped plan the arrangement of Saint Brigid's School conforms to typical Victorian planning whereby a central block is flanked by projecting classroom wings with one dedicated to each sex.

(fig. 40)
SAINT BRIGID'S SCHOOL
New Street,
Killarney

Despite its utilitarian nature the school is provided with much visual incident in the form of a decorative doorcase and copper-clad lantern.

Public buildings of brick are comparatively rare outside larger towns, but Killarney supports a number of late nineteenth-century examples. The Old Town Hall (c.1880), Main Street, stands at the heart of the town and lacks the severity of other public buildings; an effect largely achieved through its brickwork and decorative aspect. Built of red brick with red sandstone dressings, it incorporates an integral carriageway, a roof parapet with pinnacles and a Dutch gablet.

The scale of nineteenth-century post offices provides a clear indication of the important social and architectural role that they played in the life of towns. The Post Office (c.1900), New Street, Killarney, is of red brick and stands on a limestone plinth. The arched windows at ground floor level incorporate moulded archivolts resting on brick pilasters. Many old post boxes such as at New Street, Killarney (c.1905) are still in use throughout Kerry. Small service buildings were erected across the county to deal with the increase in dairying and other trades. The Milk Market (c.1880), High Street (off), Killarney, provides one instance of such development; it was much renovated in the 1980s.

(fig. 36)
SAINT MARY'S TERRACE
Saint Mary's Road, Killarney
(c. 1890)

A terrace of nineteen houses that are distinguished by the fact that they were the first such buildings constructed in the region entirely of mass concrete.

(fig. 37)
SAINT MARY'S TERRACE
Saint Mary's Road, Killarney

A detail of one surviving original multi-pane steel-framed window that, elsewhere in the terrace, have been individually replaced with unsympathetic modern versions.

Other commercial properties were purpose built. The Bank of Ireland (c.1880), The Square, Listowel, is typical, reflecting the increasing prosperity of the banking sector and the affluence of a growing middle class *(fig. 38)*. Although the interior was substantially altered in the mid 1980s, the exterior shows the original segmental headed windows, and Classical detailing of rusticated limestone and consoled cornice. The Allied Irish Bank (AIB), (c.1900), Main Street, Killarney, maintains a range of original features including sash windows and moulded architraves. The ground floor was remodelled in the 1940s.

(fig. 38)
BANK OF IRELAND
The Square, Listowel
(c. 1880)

A resident architect to each banking institution designed many of the nineteenth-century bank buildings in County Kerry. At Listowel the composition recalls the Italian *palazzo* style that was most popular for planning buildings of this kind.

In contrast to such ecclesiastical richness, the norm for urban domestic architecture of the period appears relatively sedate. A planning formula established in the late eighteenth century changed little in the following decades, except for matters of detail and scale. Killarney and Listowel both have distinguished early nineteenth-century terraced housing illustrative of this trend, and indicative of fashions in much larger urban centres in Ireland and Britain at this time. Numbers 35 – 36 The Square (c.1820), Listowel, provide typical examples of contemporary urban terraced housing *(fig. 35)*. Numbers 67 (Saint Joseph's House) – 68 (Aras Agais) New Street (c.1805), Killarney, have been much altered but still provide indication of the large scale of such houses; 67 has a wooden Doric columned doorcase. The Port Cottages (c.1840), Port Road, Killarney, although subsequently altered, provide evidence of a smaller type of urban housing, while Blennerville, a small town named after the Blennerhassets and established as Tralee's port, contains an example of terraced slate-hung housing at Curragraigue (c.1860). Although much altered, Saint Mary's Terrace (c.1890), Saint Mary's Road, Killarney, a row of nineteen single-storey estate cottages with dormers, remains as an early example of the use of mass concrete *(figs. 36–37)*.

(fig. 35)
35 THE SQUARE
Listowel
(c. 1820)

A well-proportioned townhouse typical of those built for the prosperous merchant class, number 35 retains early features such as multi-pane sash windows and a spoked fanlight. It is one of a pair with number 36, to right of the image.

The growth in commercial activity encouraged the adaptation of earlier buildings to commercial use. Many fine shopfronts and pubfronts may be found throughout Kerry, although many have been altered. The building that is now Courtney's (c.1820), High Street, Killarney, had its attractive timber business front added around 1890. Frequently, a pub front may be retained while the rest of the building is entirely transformed: an example of this is the pub frontage of Sean Leo O'Sullivan's (c.1840), Plunkett Street, Killarney, which was added around 1890; the remainder of the building was comprehensively renovated, c. 1935. More intact examples of the genre survive from the turn of the century at the O'Hanlon Feale Bar (c.1890), Main Street, Ballybunion, and John R's (c.1900), 70 Church Street, Listowel. Such fronts, as elsewhere in Ireland, employed motifs inspired by the vocabulary of Classical architecture: pilasters, console brackets, and cornices.

In conception at least, the decorative aspect of the Gothic Revival in Kerry reached its highpoint in the Holy Cross/O'Connell Memorial Catholic Church (1885), Main Street, Caherciveen *(figs. 33–34)*. The church resulted from the initiative of Canon Timothy Brosnan who, almost single-handedly, raised the much-needed funds. Built of Newry granite, it was designed by the Cork based architect George Coppinger Ashlin (1837–1921) to commemorate the centenary anniversary of Daniel O'Connell (1775–1847). Ashlin had been a partner of E. W. Pugin's since 1860. The original concept was illustrated in *The Irish Builder* in July 1885; nearly ten years of protracted negotiations followed and the ambitious project got underway in 1888. Although the design was never fully executed, the groin-vaulted interior with clustered columned arcades, stained glass, and ornate organ loft suggest the scope of Ashlin's original scheme. Like a number of his other projects across Ireland, his original design possessed an inventiveness of massing and ornament worthy of much larger buildings.

(fig. 33)
HOLY CROSS/ O'CONNELL MEMORIAL CATHOLIC CHURCH
Main Street,
Caherciveen

Commissioned in memory of Daniel O'Connell on the one hundredth anniversary of his birth, Holy Cross is elevated on a raised base and provides a dramatic landmark and focal point to the town of Caherciveen.

Courtesy Irish Architectural Archive.

(fig. 34)
HOLY CROSS/ O'CONNELL MEMORIAL CATHOLIC CHURCH
Main Street,
Caherciveen

The interior of Holy Cross is furnished with numerous panels of fine, delicate mosaic work that contribute to the artistic merit of the entire scheme.

(fig. 32)
BISHOP'S PALACE/SAINT MARY'S PRESBYTERY
Inch,
Killarney
(c. 1865)

A substantial building in the Gothic Revival style, the Bishop's Palace is constructed of fine cut-stone and ornamented with a stout entrance tower. The building is one of a number of ecclesiastically related structures centred around the townland of Inch, which also includes a presbytery and the cathedral.

The growth in the institutional importance of the Catholic Church encouraged the erection of many convents and associated buildings for religious communities. The concept of a sprawling complex in a Gothic Revival idiom became widely associated with church schools, convents and monasteries. Kerry has many accomplished examples including the Mercy Convent (c.1850), formerly the Holy Cross Convent, Rock Road, and Saint Brendan's College (c.1860), Inch, both in Killarney. Both are arranged around courtyards, evoking the planning arrangement of medieval colleges. Similarly to Saint Finian's Hospital (1849), Rock Road, Killarney, both employ the contrasting building materials favoured by A. W. N. Pugin and his followers, in this case random rubble and limestone ashlar. The Poor Clare's Convent (founded 1862), Old Killarney Road, Kenmare, and the adjoining Holy Cross Catholic Church (c.1863) were attributed to one of the Hansom brothers, either John Aloysius (1803–82) or Charles (1817–88). From the same period the Bishop's Palace/Saint Mary's Presbytery (c.1865), Inch, Killarney also employs the Gothic Revival idiom, employing contrasting building materials together with Gothic Revival motifs such as trefoil windows and prominent decorative hinges on the entrance doors *(fig. 32)*.

(fig. 27)
SAINT MICHÆL'S CATHOLIC CHURCH Monument, Lixnaw (1865)

An example of the Hiberno Romanesque style that is identified by the decorative cut-stone doorcase, rose window and the treatment of the upper stage and spire of the tower.

(fig. 28)
SAINT MICHÆL'S CATHOLIC CHURCH Monument, Lixnaw

Cast-iron is used to considerable decorative effect on the boundary wall to Saint Michæl's Catholic Church. The adjoining Presentation Convent is visible in the background.

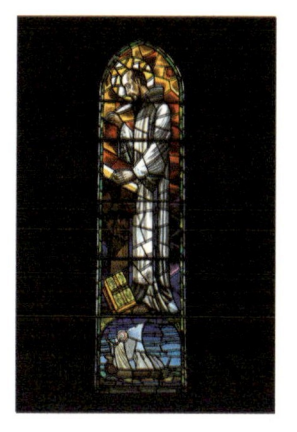

(fig. 29)
SAINT JAMES'S CATHOLIC CHURCH Killorglin (1887–91)

Many of the Catholic churches of County Kerry reveal considerable expense in their planning and execution, as evident here in the use of fine stone masonry. From time to time, however, funds ran short before completion of the project leading to unfinished details such as the truncated corner tower.

(fig. 30)
SAINT JAMES'S CATHOLIC CHURCH Killorglin

An example of the finely carved stonework that graces many of the churches, both Catholic and Protestant, in the county.

(fig. 31)
SAINT JAMES'S CATHOLIC CHURCH Killorglin

Delicate stained glass windows such as this are among the many items of artistic significance in the buildings of County Kerry.

(fig. 25)
SAINT BRENDAN'S CATHOLIC CHURCH
Ardfert
(1855)

Following Catholic Emancipation in 1829 many parishes sought to build substantial churches, financed through voluntary contribution. Saint Brendan's Catholic Church is afforded much presence through the use of side aisles and a solid tower and spire.

(fig. 26)
SAINT BRENDAN'S CATHOLIC CHURCH
Ardfert

A detail of early twentieth-century railings enclosing a burial plot in the grounds of the church. The use of Celtic motifs provides a simple but decorative, pleasing effect.

Pugin's foremost Irish-based follower, John James McCarthy (1817–82), not only worked on Saint Mary's Cathedral but also designed a number of churches across the county in a variety revival styles, in keeping with the general architectural eclecticism of the age. Saint Brendan's Catholic Church (1855), Ardfert *(figs. 25–26)*, and the Catholic Church of Saint John the Baptist (c.1865), Deerpark, Lispole, are both in the Early English style. Such churches clearly proclaim their interior planning arrangements in their exterior form, and typically employ stonework of very high quality. McCarthy designed Saint Michæl's Catholic Church (1865), Monument, Lixnaw, in the Romanesque style *(figs. 27–28)*. The Romanesque foreshadowed the burgeoning taste for Celtic Revival, a style that would be more fully realized in various church ground monuments, especially the Celtic crosses that became popular around 1900. Saint Michæl's Catholic Church (c.1865), Drimna Beg, Sneem, was designed by Philip Charles Hardwick (1822–92) in an Italianate style, incorporating ranges of round headed windows in a manner recalling Lombard architecture. McCarthy and George Coppinger Ashlin (1837–1921) worked on Saint John's Catholic Church, Tralee (1861). The church was altered and enlarged in the 1950s, but displays an array of original features including stained glass windows by Michæl O'Connor (fl. 1861). Many other churches throughout the county reveal the legacies of A. W. N. Pugin and McCarthy, including Saint James's Catholic Church (1887–91), Killorglin, by Walter Glynn Doolin (1850–1902) *(figs. 29–31)*. Saint John's Catholic Church, Ballybunion (1897) also continues the tradition, but the truncated tower, a not uncommon feature across Ireland, reveals the shortfall between architectural ambition and available funds.

(fig. 22)
SAINT MARY'S CATHEDRAL
Cathedral Place, Killarney
(1842–55)

A monumental piece in the Gothic Revival style, A.W.N. Pugin's design recalls his work at Saint Aidan's Cathedral, Enniscorthy, County Wexford. Saint Mary's Cathedral was extended by a number of bays and the tower and spire completed c.1900 under the supervision of G.C. Ashlin, architect.

(fig. 23)
SAINT MARY'S CATHEDRAL
Cathedral Place, Killarney

Little surface area was left unadorned at the cathedral and the entrance doors are furnished with highly elaborate wrought-iron hinges.

(fig. 24)
SAINT MARY'S CATHEDRAL
Cathedral Place, Killarney

The interior of the cathedral at Killarney was comprehensively reordered and remodelled in the 1970s with the loss of much of Pugin's interior schemes. However, the baptistry, screened from the nave by decorative gates, escaped alteration and remains as originally intended.

Even where the church building itself is simple, some fine monuments and ancillary buildings may exist in the adjoining graveyard and church grounds. At Kilcolman there are cut-stone headstones (c.1820 – 1920) and a gateway dating from around 1820. While Knockane Church (1812), Churchtown, is partly dismantled, the adjoining McGillycuddy Mausoleum (1820), constructed of elegant ashlar limestone, is noteworthy. The Gothic Revival style Ventry Mausoleum (c.1860), Burnham Demesne, Raheenyhooig, is akin to a full-scale church in miniature — an effect common to such structures. Although erected late in the century, the small scale Church of Ireland (c.1865), Main Street, Caherciveen retains the severe lines of churches from an earlier date. It was designed by the otherwise northern-based William Welland (1798–1860) and William Gillespie (d. 1896) and is now the Old Oratory Art Gallery.

By contrast, churches erected by the Catholic Church became increasingly ambitious. Having emerged from the restrictions of previous generations, and inspired by a sense of triumphalism following emancipation, there was a huge growth in the erection of churches, many of considerable scale and splendour. Diverse styles were employed, frequently influenced by continental models. Many churches, however, were erected in the face of great poverty, which prevented the full execution of elaborate schemes of ornamentation. Kerry has some remarkable examples of the Gothic Revival style, the foremost undoubtedly being the Saint Mary's Cathedral (1842–55), Cathedral Place, Killarney *(figs. 22–24)*. Designed by the celebrated Augustus Welby Northmore Pugin (1812–52), and commissioned under Bishop Benedict David Moriarty (1812–77), the cathedral reveals Pugin's fondness for genuine medieval precedents, in this instance the thirteenth-century Salisbury Cathedral, and the nearby ruined cathedral at Ardfert. Pugin employed the Early English style that, in its simplicity of form, he would have considered appropriate for the rugged Kerry location. Pugin's son, Edward Welby Pugin (1834–75) designed the later reredos in 1854. Bishop Moriarty also commissioned the neo-Gothic Holy Cross Catholic Church (c.1870) in Tralee. An excellent example of its kind, the church combines exterior fine ashlar limestone with snecked red sandstone, and exhibits elaborate interior woodwork.

AN INTRODUCTION TO THE ARCHITECTURAL HERITAGE *of* COUNTY KERRY

(fig. 20)
KILCOLMAN CHURCH
Ballyoughtragh North,
Milltown
(1819)

A contemporary of Saint John's Church, Listowel, this example was conceived on simpler terms comprising a simple Gothic-style nave together with the ubiquitous battlemented tower.

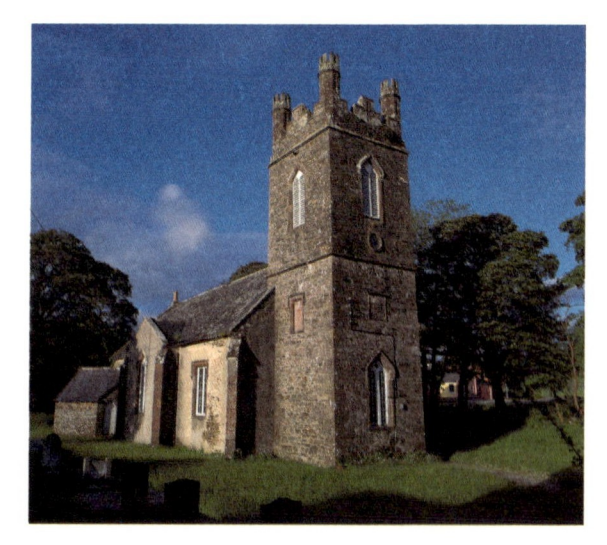

(fig. 21)
SAINT CARTACH'S CHURCH
Meanus,
Kiltallagh
(1816)

The setting of a church is often of comparable importance to the building itself. At Kiltallagh the church is picturesquely set at the end of a formal avenue, itself flanked by landscaped grounds containing burial plots.

The Church of Ireland constructed many churches in the early part of the century with grants from the Board of First Fruits (c.1711 – c.1830). Initially such churches employed a simple and sometimes severe form of the Gothic Revival style, characterised by plain lancet windows and scant ornamentation. As the century progressed, changes in liturgical practice within the Church encouraged a more decorative style. Saint John's Church (1819), The Square, Listowel, was erected with support from the Board of First Fruits and its simple lancet windows are indicative of the taste for austere ecclesiastical architecture in the early decades of the century; it is now in use as a heritage centre *(figs. 18–19)*. George Richard Paine (1793–1838) may have carried out later additions in 1834. Kilcolman Church (1819), Ballyoughtragh North, Milltown, was built with comparable official support *(fig. 20)*. It is constructed of a mixture of rendered rubble stone — red brick and sandstone — and was refurbished internally around 1865.

Some churches incorporated fabric from an earlier building. Saint Cartach's Church (1816), Meanus, Kiltallagh, has a line of simple lancet windows and an equally simple but distinctive entrance tower *(fig. 21)*. Such entrance towers were often the most extravagant and prominent architectural feature on churches across Ireland; in the Kerry landscape they acquired a distinctively picturesque quality. The interior of Saint Cartach's Church was renovated and refurbished in the 1870s, from which period the communion rails, altar table and pulpit remain; a limestone baptismal font (1821) survives from the earlier interior.

(fig. 18)
SAINT JOHN'S CHURCH
The Square,
Listowel
(1819)

A compact church designed in the Gothic style, Saint John's alludes to earlier Church of Ireland churches through the presence of a fine cut-stone battlemented entrance tower.

(fig. 19)
SAINT JOHN'S CHURCH
The Square,
Listowel

The ornamental quality of the design is not limited to the church alone and includes decorative wrought-iron railings.

(fig. 16)
SAINT FINIAN'S HOSPITAL
Rock Road, Killarney
(1849)

Designed by Sir Thomas Deane, Saint Finian's Hospital is an example of the growing popularity of the Gothic Revival for public buildings of this scale in Kerry. The workhouses in the county, for example, were also mostly executed in this style.

(fig. 17)
SAINT FINIAN'S HOSPITAL
Rock Road, Killarney

The hospital is distinguished by the innumerable gables and gablets that articulate its roofline.

(fig. 14)
THE GARDA BARRACKS
Church Street,
Listowel
(c. 1860)

Originally built for the Royal Irish Constabulary (RIC), the symmetrical front elevation retains early fenestration and uses a rusticated rendered doorcase with round-headed opening as a focal point.

(fig. 15)
CAHERCIVEEN HERITAGE CENTRE (FORMER RIC BARRACKS)
Caherciveen
(c. 1871)

An unusual Scottish Baronial-style composition, the building was completely destroyed by fire during 'The Troubles' of 1919–21 and remained in ruins until restoration in the 1990s to accommodate its current use.

The Garda Barracks (c.1860), Church Street, Listowel, was erected for the Royal Irish Constabulary (RIC) and, although of simple form, it is impressively scaled *(fig. 14)*. The most significant exterior embellishment is the recessed porch surrounded by rustication, which adds an appropriate sense of authority. A range of attractive original features has been preserved: windows, a section of railing on the street front, and an arched gas lamp holder. The former RIC Barracks (c.1871), Caherciveen evokes a Scottish Baronial style castle with its irregular composition, crow-stepped gable and corner turret *(fig. 15)*. It was badly burnt during the War of Independence (1919–21), but was rebuilt in the 1990s and is now a heritage centre.

An increased preference for medieval styles, sometimes fanciful and sometimes based on precedent, was deemed appropriate for many of the large-scale public buildings of the period in Kerry. The style not only addressed a particular taste, but also, in its potential for irregularity, allowed a building to take on an organic quality where additions and extensions could blend successfully with the original construction. Saint Finian's Hospital (1849), Rock Road, Killarney, was erected when the taste for Gothic Revival was becoming widespread *(figs. 16–17)*. It was designed by Sir Thomas Deane (1792–1871) and owes much to the influence of the English architect Augustus Welby Northmore Pugin (1812–42). The hospital is a sprawling twenty-three-bay limestone building combining quality stonework with contrasting decorative detailing. It stands at the heart of a complex of buildings and was added to extensively in the following decades, although not always with the same attention to detail. The limestone gate lodges date from around 1890.

is bordered by wings for male and female prisoners. The building has now been converted into a private house, but illustrates how elements of Classical design were adapted to meet the requirements of a small courthouse and prison. The courthouse and bridewell at Tarbert (1831), currently a heritage centre, is a small rubble-sandstone building of similar design *(fig. 12)*. Although it has been much altered, the courthouse, Ashe Street, Tralee (1834) remains the finest in the county *(fig. 13)*. Employing the Ionic order and set on a high podium, it displays a severity of form and purpose that is frequently associated with courthouse architecture of the period. Designed by William Vitruvius Morrison (1794–1838), it is built of local limestone and echoes his earlier courthouse at Carlow (1828).

(fig. 12)
TARBERT HERITAGE CENTRE (FORMER COURTHOUSE)
Tarbert
(1831)

A modest-scaled, symmetrically planned Classical building of fine construction, the central block originally housed the courtroom and offices with a lateral wing dedicated each to male and female prisoners.

(fig. 13)
TRALEE COURTHOUSE
Ashe Street,
Tralee
(1834)

Built by William Vitruvious Morrison, the design is comparable with his contemporary project in Carlow Town, both buildings being dominated by a massive pedimented portico behind which a pair of curved courtrooms originally flanked a central entrance hall.

The Nineteenth Century

LISTOWEL UNION WORKHOUSE
Curraghatoosane, Listowel
(c. 1845)

Necessitated by a rapidly declining economy, which most acutely affected the rural regions, most workhouses were built about the time of the Great Famine.

Courtesy Irish Architectural Archive.

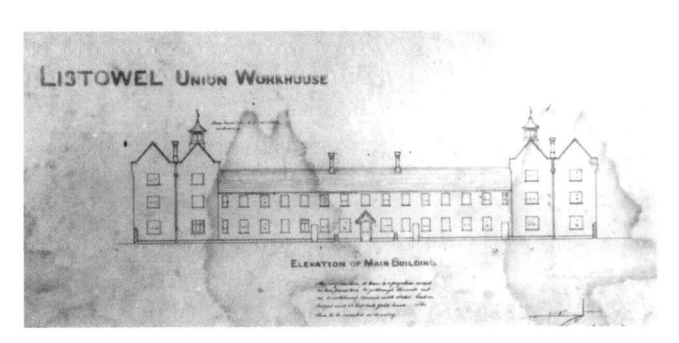

The comparative calm of the eighteenth century gave way to a period of dramatic upheavals, both political and social, which changed the face of Ireland during the course of the nineteenth century. The Act of Union (1801) shifted the centre of political power from Dublin to London. Catholic Emancipation (1829) encouraged the construction of more Catholic churches. The disastrous Great Famine (1845–51), and the widespread emigration that followed, caused a dramatic decrease in population and left the island much diminished. On the other hand, the growth of the British Empire encouraged trade and economic growth for many sectors of the community. Nationalistic motifs made an appearance in art and architecture, encouraged by a growing sense of national identity and the call for Home Rule. Railway transport opened up Kerry to the growing market for mass tourism. The county's rugged topography accommodated the widespread popular taste for the wild and romantic in scenery. It also encouraged the building of dramatically sited, or scaled, buildings, which were seen as enhancing the overall picturesque effect.

Urban developments already underway in the eighteenth century continued, and towns increasingly became hubs of commercial and administrative authority. This was reflected in the growth in the number of courthouses, gaols, hospitals and schools. Buildings associated with the administration and enforcement of law and order frequently appeared to suggest strength and solidity of purpose. The small courthouse and bridewell (c.1830), Milltown, displays a Classical composition more usually found in houses. Built to suggest grandeur of scale, the effect is enhanced by the quality limestone ashlar stonework. The administrative area occupies the central projecting block and

The Eighteenth Century

(fig. 9)
BLENNERVILLE HOUSE
Curragraigue
(c. 1740)

A long, low two-storey house of the mid eighteenth century, the house retains increasingly rare original fenestration and incorporates fabric of the previous century in its construction.

(fig. 10)
CHURCHTOWN HOUSE
Churchtown
(c. 1740)

A substantial eighteenth-century house, the front elevation combines Georgian proportions with Classical symmetry and detailing. The entrance is treated with an attractive cut-limestone doorcase.

(fig. 11)
ARABELA HOUSE
Arabela
(c. 1760)

A symmetrically planned middle-size house, the roofline of which is dominated by a pair of on-axis chimney stacks. The striking bowed projections may be a slightly later addition and are typical of the Regency period.

If church building from the period is comparatively rare, country house building, by contrast, flourished. The many larger country houses of the period reflect the growing assurance and wealth of the ruling elite. Houses and surrounding demesnes were increasingly conceived as an artistic unity, and most large houses were at the centre of extensive estates. Few such estates remain intact anywhere in Ireland. In Kerry, many of the houses have been altered, enlarged, or rebuilt. The original Kenmare House (c.1726), Killarney Demesne, Killarney, was destroyed in 1872, and was subsequently replaced by a larger house in the same grounds, which was itself burnt out in 1913. The stable complex (c.1830) of the original house was therefore converted to residential use in that year and named Kenmare House. This was sold in 1957 and subsequently renamed Killarney House while another Kenmare House was built nearby (post-1956). Others, such as Ardfert Abbey (c.1675, 1720 and c.1830), Ardfert Demesne, Ardfert, destroyed in the twentieth century, are now ruinous.

Some surviving houses retain eighteenth-century features and may occasionally contain elements of an earlier building. Blennerville House (c.1725), Curragraigue, not only has its early eighteenth-century windows, but also some structural work from the seventeenth century *(fig. 9)*. Even where the overall composition changed little, it is possible to trace changes in taste and fashion across the century, especially in matters of detail. The substantially scaled Churchtown House (c.1740), Churchtown, built for Rowland Blennerhassett (no dates), still stands with its original limestone entrance, timber sash and casement windows *(fig. 10)*. The rear elevation Serlian window is a motif typical of Palladianism, a style inspired by the Italian architect Andrea Palladio (1508–80), and popular throughout the century. While the demesne has been altered and is now a golf course, the original gateway and rubble stone gate lodge survive. The cut-limestone gate piers are surmounted by stone pineapple finials; the gates however are twentieth-century replacements. Church Hill House (c.1760), Glebe, has a distinctive Ionic entrance doorcase, and the contemporary Arabela House (c.1760), Arabela, preserves its limestone Tuscan columned entrance, timber sash windows and, internally, its window shutters *(fig. 11)*. Many houses from this period were altered in the course of the following decades, or as fashions changed. The Wyatt windows at Church Hill are probably of a date later than the house suggesting, as they do, the influence of the London based James Wyatt (1746–1813). The house was extended with bordering wings in 1832, and it is possible that the windows date from this period.

By mid century, Dingle had become an important port through which large quantities of linen and agricultural produce were exported. A lucrative smuggling trade further boosted the local economy and, in 1765, the corporation found it necessary to build a pier. In common with many Kerry ports, Dingle supported links with Spain. Such links may have encouraged the employment of Spanish decorative motifs in some of the architecture of this period; Spanish merchants' plaques survive on many Dingle houses, although many others have been obliterated through later painting or rendering. However, in the absence of surviving evidence, the prospect of such influence remains tantalizing. A detached townhouse (c.1770) on Green Street and Grey's Lane, Dingle, formerly a residence of Lord Ventry, carries some early details and has a slate-hung gable. Having been used as a bank in the interim, it now combines the commercial interests of M. E. Burke & Co. with residential use.

In contrast to the wealth of Early Christian and medieval sites, little remains of eighteenth-century church architecture in Kerry. A free-standing limestone tower (c.1775) is all that remains of the Church of Ireland, Church Street Upper, Listowel. The Georgian-Gothic Ballynahaglish Church of Ireland (1789), Glebe, has glazing bars in the otherwise round-headed windows, and a simple lancet-style entrance providing the 'Gothic' element *(fig. 8)*. The simple, small-scale, church may incorporate the fabric of an earlier place of worship on the site, dating from around 1619. A plaque suggests that the steeple was added in 1798; the cut stone gateway piers and wrought-iron gate also appear to date from this period.

(fig. 8)
BALLYNAHAGLISH
CHURCH OF IRELAND
Glebe
(1789)

A simple three-bay single-cell church that may incorporate archæological fabric and onto which is attached a striking three-stage Gothic-style entrance tower with battlemented parapet.

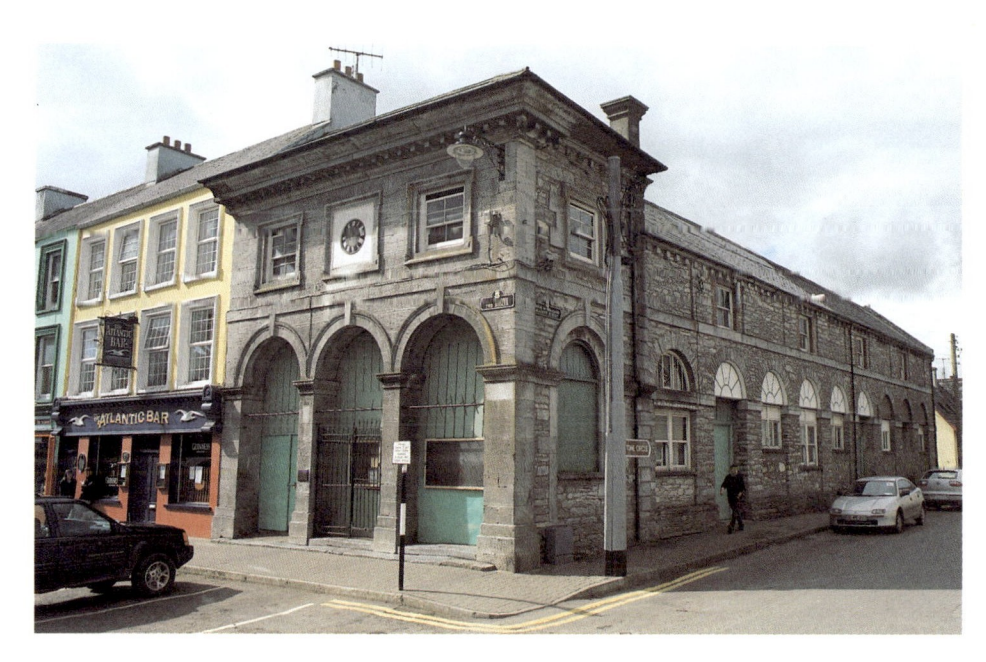

(fig. 7)
KENMARE MARKET HOUSE
The Square/
Market Street,
Kenmare
(c. 1790)

Conforming to typical market house planning, the neo-Classical example at Kenmare comprises an arcade (originally open) to ground floor with the assembly rooms or administrative offices above.

M. E, BURKE AND CO.
Green Street,
Dingle

An example of early brass door fittings that are often overlooked or replaced with unsympathetic modern versions.

An improved road system was one factor encouraging urban growth in Kerry, and a number of towns were developed over the course of the century. Some, such as Killarney and Kenmare, were primarily estate towns created under the control of the local landlord. Killarney was originally established in 1604 as a market town and, although initially it did not thrive, by the 1730s it supported a variety of commercial premises and a sizable population. By the 1750s, Thomas, 4th Viscount Kenmare (1726–95) began to develop Killarney as a tourist centre by encouraging the establishment of more inns, the building of houses, and the provision of amenities. His son Valentine Browne, 1st Earl of Kenmare (1754–1812), continued these developments, and some terraced housing from the period survives. Number 80 New Street (c.1770), Killarney, is a substantial five-bay two-storey house retaining contemporary windows and a characteristic round-headed doorway; the doorcase was embellished later, around 1875.

In 1775, William, 1st Marquis of Lansdowne (1737–1805), and British Prime Minister (1782–3), laid out the modern town of Kenmare and named it after his friend, Viscount Kenmare of Killarney. The Irish name, An Neidín (Nedeen), refers to a nearby settlement established by Sir William Petty (1623–87) in 1670. The town is constructed on an irregular X-shaped plan and supports a number of public buildings from this period including a courthouse, a bridewell, and an inn. The neo-Classical Old Market House (c.1790), The Square/Market Street, Kenmare, is an attractive ornament to the town, although its high ground-floor arcades are now blocked up *(fig. 7)*.

(fig. 5)
ARDTULLY OLD BRIDGE
Ardtully Demesne,
Ardtully
(1786)

A graceful single-arch road bridge of the late eighteenth century. The masonry between the head of the arch and the top of the parapet is remarkably shallow and identifies this structure as a considerable feat of technical engineering.

(fig. 6)
BLENNERVILLE WINDMILL
Curragraigue
(c. 1790)

Ideally situated on the windswept coastline of Kerry the mill was nonetheless in ruins by the mid nineteenth century and was extensively reconstructed in the 1980s. It is now the only working windmill of its vintage in the region.

The Eighteenth Century

(fig. 3)
OLD WEIR BRIDGE
Glena/Gortacussane
(c. 1730)

An image from the Lawrence Collection, dating to c.1890, reveals an already ruined structure that nevertheless retains the graceful form of its two arches.

Courtesy National Library of Ireland.

(fig. 4)
OLD WEIR BRIDGE
Glena/Gortacussane
(c. 1730)

A contemporary view taken from the other side of the bridge shows that it has deteriorated little in the intervening one hundred years.

After the upheavals of the previous centuries, which witnessed the destruction of monastic sites and the erosion of the political authority of many Gælic families, the eighteenth century seemed, superficially at least, to be a period of stability and economic growth. The Dublin-based parliament grew in power, trade increased and early industrial processes improved, encouraging the building of new towns and large country houses. Yet the prosperity of the few sat side-by-side with the abject poverty of the many, and little survives to record the architectural arrangements of most of society.

In a county marked by difficult and sometimes inhospitable terrain, the building of roads took on a particular significance. Road development and the building of bridges helped to open up the county to travellers and locals alike. Many attractive bridges from this period are still in use and these include Lixnaw Bridge (c.1725), Lixnaw/Coolaruane/Clogher/ Cunnagare over the River Brick, the Old Weir Bridge (c.1730), Glena/Gortacussane, Killarney *(figs. 3–4)*, and Ardtully Old Bridge (1786), Ardtully Demesne, Ardtully, which crosses the Roughty River at Kilgarvan *(fig. 5)*. The Cork-Kerry turnpike road was built in 1748 under the turnpike system, which was characterised by straight roads. The turnpike system linked, amongst other places, Castleisland and Listowel, with a branch to Killarney. Landlords also built roads and were reimbursed by the local Grand Jury, which could raise taxes to support such projects. Although subject to abuse, these schemes were relatively effective at establishing a road network. Unlike elsewhere in Ireland, industrial development was slow, but traces of industrial architecture from the period remain. The Blennerville Windmill (c.1790), Curragraigue, largely rebuilt in 1985, was ruinous by mid nineteenth century *(fig. 6)*.

es, particularly in north Kerry, as various families, indigenous and incoming, frequently fought for supremacy, if only on a local level. Late-medieval tower houses are common, and surviving examples include the sixteenth-century Ross Castle, Killarney. Often, as happened at Listowel, a village developed around a castle. Both Tralee and Dingle also have their origins in the medieval period, although it was not until the eighteenth century that urban growth became significant.

The undeniable beauty of the landscape has made modern Kerry one of the country's most popular tourist destinations. The Lakes of Killarney have long proven an attraction to visitors, and formerly acted as a focus for great hunting and sporting estates such as Muckross Demesne (c.1845). Killarney itself has underpinned its strategic importance as a market town and now acts as a centre for the region's highly developed tourist industry. The famous 'Ring of Kerry' links a garland of smaller towns: Sneem, Parknasilla, and Waterville are all popular destinations with a fine architectural heritage. Various coastal towns such as Dingle, Kenmare, and Fenit provide shelter along a frequently treacherous coast. In addition to trade, and given the difficulty of the terrain, such towns acted historically as gateways to wider cultural influences from overseas. Their popularity with overseas visitors and settlers continues such links to this day.

An Introduction to the Architectural Heritage of County Kerry

COUNTY KERRY
(c. 1756)

An eighteenth-century topographical depiction of County Kerry, signed by Charles Smith, identifying town settlements, villages, castles, churches and seats.

Courtesy Irish Architectural Archive.

Introduction

(fig. 1)
ARDFERT CATHEDRAL
Ardfert
(c. 1253)

An early example of medieval Gothic architecture in Ireland, this style is identified by the tall, slender lancet windows and the crow-stepped roof parapet. The cathedral is currently undergoing restoration by Dúchas The Heritage Service.

(fig. 2)
ARDFERT CATHEDRAL
Ardfert

A detail of the cut-stone doorcase executed in the Romanesque style. Ardfert Cathedral was built entirely of locally sourced stone.

Situated in the south-west of Ireland, County Kerry is characterised by mountainous terrain in the south, rolling pastures in the north, and a spectacular coastline. The rich and varied physical landscape reflects an equally abundant history, and the built heritage of the county is a physical record of this wealth. Geologically, a band of old red sandstone forms the rugged landscape, and limestone abounds near Kenmare. Both sources have been quarried and used extensively for building, along with locally available slate.

The name Kerry, from Irish *Ciarraí*, is derived from a tribe who occupied part of present day county Kerry. The name *Ciarraí*, *Ciarraige* in Old Irish, contains an ancestor name, in this case *Ciar*, and the ending *-rige* meaning kingdom. The name which originally referred to a population group, then came to be applied to the territory of that group, and eventually it came to be applied to all of present day county Kerry.

Kerry's varied topography, both physical and cultural, is reflected in a diversity of settlement patterns from the pre-historic to the present day. In common with many coastal counties there remains considerable evidence of early settlement; the Mesolithic settlement at Ferriter's Cove on the Dingle peninsula is a prime example. Kerry has a particularly large number of ogham stones. There are also many ring forts in the county, and a number of large-scale stone forts of which Staigue Fort, near Sneem, is one of the finest in Ireland.

The coastal location was hospitable to Early Christian settlement, and Kerry affords a range of sites of national and international significance; the seventh-century monastery of Skellig Michæl is a UNESCO World Heritage Site. The Great Blasket Islands, populated within living memory, were until recently the most westerly settlements in Europe. Although early churches in Ireland were probably built of wood, it is possible that the first stone churches can be traced back to a small group found mostly in Kerry. Gallarus Oratory (c.800), Corca Dhuibhne, with its corbel construction, is the best known of these. Over four centuries later, Ardfert Cathedral (c.1253), Ardfert, provides a good example of Early Irish Gothic as characterised by its elegant lancet windows; the celebrated Romanesque doorway dates from a twelfth-century building campaign *(figs. 1–2)*.

The political turmoil of the Middle Ages encouraged the erection of many tower hous-

An Introduction to the Architectural Heritage *of* County Kerry

Foreword

Kerry is a county steeped in a wealth of architectural heritage that spans many centuries. This heritage reflects the life, times and culture of its people from the earliest times to the present. It is an important illustration of the economic and social history of the county.

Across Ireland, in towns and countryside, a range of building types is readily accepted as architecturally significant. Such buildings include churches, courthouses, schools, large country houses and prominent commercial buildings such as nineteenth-century bank buildings. Supplementing this stock however are more modest buildings that may not command the attention of the passer-by but which, were they to be lost, would be to the detriment of the distinctive local character.

County Kerry's coastal location has resulted in the erection of a large number of harbours and related structures. Inland from the coast a range of substantial farms and larger country houses can be found. In addition to the various building types found across the county there are a number of fine bridges and viaducts.

Kerry's transport heritage is also an important contributing factor to its particular character. The Great Southern and Western Railway traverses the county and contains a number of very fine nineteenth-century railway stations together with ancillary structures and related buildings such as a number of Great Southern Railway hotels.

Domestic architecture, large and small, is closest to the people and reflects most especially the history of County Kerry over the centuries. The large country houses of the landlord classes, the substantial houses of the prosperous merchant and farming class, and the small estate houses and thatched cottages, all bear witness to the complexity of the county's social structures and its changing patterns over the years. Kerry is notable for the number of vernacular buildings that survive to the present.

The purpose of this Introduction, together with the National Inventory of Architectural Heritage County Survey, is to identify and highlight a representative selection of the extant architectural heritage of County Kerry. It is sad that much fine architecture has already been lost or altered beyond recognition. But it is hoped that through raising awareness of the built heritage of the county that a better appreciation will materialise, together with a drive to protect the county's very significant heritage.

Tralee has not been included in the County Survey, having been compiled as a comprehensive Town Survey by the NIAH in 1999–2002. Nevertheless, some artefacts of special interest in Tralee have been alluded to in the following text.

NATIONAL INVENTORY *of* **ARCHITECTURAL HERITAGE**

AN INTRODUCTION
TO THE ARCHITECTURAL
HERITAGE *of*

COUNTY KERRY

*Department of the Environment
& Local Government*

Dúchas The Heritage Service